Ahora soy Libre

No te rindas, porque la verdad siempre te va a insistir

Yolanda Villegas Zumaya

ola
PUBLISHING
INTERNACIONAL

Para solicitudes de permisos se debe escribir a la editorial, dirigido a "Atención: coordinador de permisos", a la siguiente dirección.

ola
PUBLISHING
INTERNACIONAL

Hola Publishing Internacional
Eugenio Sue 79, int. 4, 11550
Ciudad de México

Primera edición, Enero 2023
Impreso en los Estados Unidos de América
ISBN: 978-1-63765-338-8

La información contenida en este libro es estrictamente para propósitos informativos. A menos que se indique otra situación, todos los nombres, personajes, negocios, lugares, eventos e incidentes en este libro son producto de la imaginación del autor o usados de manera ficticia. Cualquier parecido con personas reales, vivas o muertas, o eventos actuales, es pura coincidencia.

Hola Publishing Internacional es una empresa de autopublicación que publica ficción y no ficción para adultos, literatura infantil, autoayuda, espiritual y libros religiosos. Continuamente nos esmeramos para ayudar a que los autores alcancen sus metas de publicación y proveer muchos servicios distintos que los ayuden a lograrlo. No publicamos libros que sean considerados política, religiosa o socialmente irrespetuosos, o libros que sean sexualmente provocativos, incluyendo erótica. Hola se reserva el derecho de rechazar la publicación de cualquier manuscrito si se considera que no se alinea con nuestros principios. ¿Tiene una idea para un libro que quisiera que consideremos para publicación? Por favor visite www.holapublishing.com para más información.

A Dios, por aclarar mis pensamientos en mi camino de vida; a mi padre, por su fuerza de voluntad, carácter y sabiduría; a mi madre, por su fortaleza esperanza y bondad; a la señora María, por ser mi guía en el proceso de mi vida y canalizar al bien mis emociones, y a mi familia, por su comprensión y amor, porque creyeron totalmente en mí.

Tema principal:

Confianza en uno mismo y amarse

Los personajes centrales:

Lucía

Ernesto

Puntos principales de la trama:

Estabilidad mental

El niño interior

Aceptar tu personalidad

El blanco de la codicia

Resentimientos

La habilidad para controlar los movimientos de los demás

Soltar y liberar

Su motivación:

Amarse

Escuchar la intuición

Encontrarse

Llevará tiempo sanar el dolor con el perdón, sin embargo, te convertirás en un ser generoso

El poder está en tu energía

Ejerciendo tu creatividad

Objetivos:

Adaptarse al presente y seguir adelante
La guía está en tu interior
La esencia de tu ser
Enfrenta el miedo para impulsarte
y no para estancarte
El placer de conocerte
Eres poderoso cuando controlas tus emociones
Desarrollo del poder de la conciencia

Índice

El niño interior

Era una mañana soleada, cerca del mediodía. Acababa de llegar el fotógrafo a la casa a tomarle una foto a Lucía.

—¡Vamos! —dijo doña Angélica.

—Sí voy… pero no quiero salir sola. Tomaré la muñeca preferida de Jacinta (la hermana mayor). La tiene guardada en el ropero debajo de la ropa para que nadie la toque.

—Siéntate en esa sillita detrás de ti; saldrán las macetas cubiertas de flores —dijo doña Angélica.

El llanto se asomaba, estaba a punto de salir de esas ventanas donde sólo se reflejaba tristeza, miedo y soledad, que aún no entendía por su corta edad la pequeña Lucía. El fotógrafo tomó al instante el retrato antes de que ella soltara definitivamente el llanto.

Se levantó rápido, corrió y se fue con las lágrimas corriendo por sus mejillas.

—Lucía, ¿por qué te vas? ¿Qué tienes? —dijo doña Angélica.

—¡No sé! —contestó Lucía en su habitación, sintiéndose aterrada, llena de miedo y tristeza.

Su madre, Angélica, le contó un día que, cuando Lucía nació, no pudo completar para pagar el hospital, así que la enfermera le ayudó a salir y darla de alta, ya que no se encontraba el médico debido a una situación de aquel momento. Aquella enfermera lo comprendió. Caminando un poco de prisa, sus padres nunca imaginaron lo que se encontrarían a su paso... un ramo de rosas rojas en el piso. Las tomaron sus padres y siguieron el camino a su casa. "¡Qué lindas flores!", dijo doña Angélica en un día como hoy. ¿Qué representarían las rosas para Lucía en un futuro?

Los días transcurrieron para Lucía y, en su crecimiento, fue muy enfermiza. Su casa era humilde y estaba a un lado de un barranco, por cierto, muy profundo. Ella ocupaba la segunda habitación con 4 hermanas más, junto a la habitación de los 4 hermanos varones, siendo Lucía la número 8 de 10 hermanos en la familia. Lucía enfrentaba una serie de emociones para vivir cada día una niñez inocente. Una tarde les comentó a sus dos hermanas menores Magnolia y Virginia: "¿Recuerdan que mi papá nos jugaba bromas por las noches? Escuchábamos como rasguños en la puerta y corríamos a escondernos. Después de un tiempo ya sabíamos que él nos hacía esas bromas, sólo que lo hacía para asustarnos".

Cuando llegaba el domingo, don Ángel encendía la radio y escuchaba sus canciones preferidas de un famoso cantante de los años 50. Luego tocaba la puerta del cuarto donde dormían las mujeres:

—¡Ya levántense para ir a misa!

—¡Sí, ya vamos!

Al final de la misa preguntaba don Ángel: "¿Qué vamos a almorzar?". Doña Angélica pedía, como de costumbre, sus gelatinas y la carne de cordero para don Ángel y los demás.

Puedes continuar las tradiciones, pero innovando en nuevas ideas con un toque personal.

Francamente, las vivencias en su momento se recibieron así como llegaban, con alegría, con miedo y más. Y no se digan aquellas hermosas Navidades cuando comían mejor que todo el año, acompañados de tamales, ponche de frutas, mixiotes, canastitas rellenas de colaciones, cacahuates y fruta natural. Todo esto lo preparaban con sus padres las 3 últimas hijas pequeñas y arrullaban al niño Jesús, aunque nadie sabía el significado. Muchos años después, Lucía comprendió que era recibir a Jesús en tu interior y amarte a ti y a los demás. También, entre risas y juegos, rompían una piñata de barro elaborada por las pequeñas. Así se vivió cada instante en aquella casa humilde.

Lucía aprendió a bailar desde los 9 años, ya que cuando escuchaba la música, se impregnaba en su sangre. La relación entre sus demás hermanos y ella fue agradable. Cuando estuvo cursando el preescolar no pudo socializar por el miedo y la timidez. Ella no comprendía cómo sanar una emoción de miedo a la vida, pero en ese momento no se preocupó. Después de los 30 años pudo escribirlo y así fue sanando poco a poco.

Permite que esa voz en tu interior te guíe: será la certeza de que vas por buen camino.

Además de experimentar, quieres conocer el porqué de esa sensación y te nace querer investigar, leer y preguntar. Después reflexionas y te enfocas en cuál fue la causa para que vivieras ciertas consecuencias. Esto conlleva hasta analizar lo que emocionalmente recibiste antes de nacer. Si no recibes lo más importante, que es el amor, de ahí se desencadenará tu trayectoria de vida. Lucía fue aprendiendo y aceptando que sus padres le dieron lo que ellos creían bueno para ella en ese momento, comenzó respetando sus decisiones sin juzgarlos, aunque entonces no lo asimiló inmediatamente. Lucía fue aprendiendo a ordenarle a sus pensamientos que cambiarán sus ideas, ya que un día llegaría a ser madre y se encontraría en el lugar de sus padres.

Transcurrieron los años; Lucía atravesaba la adolescencia y necesitaba la aprobación de Magnolia y Virginia, sus dos hermanas menores, a quienes colocó como reguladoras. Lucía aceptó jugar el papel de ser menos para darles poder en su vida cuando debió aceptarse ella misma sin pensar en el qué dirán.

Lucía, sin tener juicio propio ni conciencia, y menos aún preparación, las consecuencias que llegarían a su vida la irían consumiendo, desarrollando un continuo miedo que la paralizaría a través del tiempo, el cual ya no regresaría.

Estabilidad mental

Aunque las ganas de bailar y sonreír no faltaban en ella, no perdía la esperanza de pretender socializar. Como todo ser humano, quieres experimentar, por ejemplo, el enamoramiento, que es la etapa en la que es necesario comunicar lo que sientes, pero no lo haces. Lucía no sabía que cualquier respuesta la encontraría en las sagradas escrituras de la Biblia, ni siquiera sabía para qué vino a este mundo. Es posible que tanto sus padres como los de otras personas dejaran ciertas situaciones de la vida sin ponerle remedio. Esto se debe a que cada persona tiene vivencias que se trasmiten de generación tras generación, pero algunos se dan cuenta y otros dicen que es "normal" o que es "casualidad" cualquier situación. Esto se repite hasta que benefician o perjudican las consecuencias, las cuales pueden llegar a ser muy trágicas. Por ejemplo, hay personas que repiten una situación, como permanecer sin pareja, o entre familiares existen relaciones amorosas o las familias de las parejas no les permiten ser felices. Entonces llegas a reflexionar y te preguntas: ¿por qué y para qué? ¿Para qué está ocurriendo esta situación?

Aquí Lucía trabajaría la conciencia, tratando de romper algunos condicionamientos con sus familiares, ya que podría afectar a las siguientes generaciones. Lucía recordó el encuentro que hubo entre sus padres. Doña Angélica tenía 14 y don Ángel, 18. Eran muy jóvenes. Don Ángel frecuentaba con un amigo las funciones de películas que ofrecía el padre de la parroquia de aquel lugar. Allí hubo un encuentro con doña Angélica porque ella recibía el dinero de las entradas. Así nació poco a poco la atracción entre ellos. Doña

Angélica provenía de un pueblo llamado San Bartolo Ameyalco; era de familia nativa y económicamente estable por las grandes tierras de su padre. Lamentablemente había quedado huérfana al nacer y quedó al cuidado de su abuelita materna; con ella empezó a trabajar desde los 8 años. Así fue su infancia y adolescencia. Mientras tanto, don Ángel provenía del estado de Guanajuato, de una familia que trabajaba la madera y se dedicaba al comercio. Al tratarse, poco a poco decidieron unirse en matrimonio, lo que no agradó mucho a las familias, una por tener y la otra porque trabajaba un poco más por obtener lo deseado. Entre los celos de los padres de don Ángel hacia doña Angélica, los jóvenes dispusieron de sus vidas para continuar juntos. Asumieron que vivirán situaciones desfavorables y aun así comenzó su navío por este mundo.

Cuenta doña Angélica que coincidió en una ocasión con uno de sus primos, sin saber, y llegaron a la conclusión de que el padre de ella tuvo muchas tierras y que sin preocupación podría tomar todo lo que quisiera. Sin embargo, no pudo realizarlo, ya que, al no estar preparado, don Ángel no le dio el apoyo adecuado para unirse y construir un futuro mejor para su familia. Doña Angélica pensó: "Esto es una oportunidad, y si la dejamos ir, ya no regresará". Y así fue. Aun así, don Ángel prefirió trabajar con sus propias fuerzas para comprar unos metros de tierra para su familia, aunque hubiera mejores oportunidades por parte de su pareja. Ahí se criaron 10 hermanos, a excepción de una hermana, ya que falleció a la edad de dos años. Casi no se podía tocar el tema sobre ella, llamada igual que doña Angélica, debido a limitaciones y carencias. Después doña Angélica tomaría fuerza para proteger a sus hijos con una entrega total hasta olvidarse de ella misma, de gustos y superación personal. Esta entrega se derivó desde la raíz, que fue el quedarse huérfana al nacer. Ella no quería que sus hijos no tuvieran una madre. Doña Angélica era muy dinámica y creativa en la cocina, así que cuando tenía las posibilidades económicas inventaba platillos para darle de comer a la familia y que en la mesa pudiera disponerse de está bendición.

Cada persona tiene su esencia, su valor, un poder y energía tan sólo por el ser, no por el hacer. Tan sólo somos un milagro. Tenemos la capacidad para crear. Nacemos con suerte y con dones para desarrollar lo que nos puede satisfacer.

Lucía reflexionó sobre estas palabras que dijo Jesucristo, cuando no había acuerdos con ella y con las demás personas: "El reino de Dios está en ti y en tu alrededor" (Biblia Latinoamericana, 2005, Lucas 17:20-25). ¿Cuántas veces buscamos el amor, la aprobación, y la aceptación? Sin embargo, la respuesta se encuentra dentro de ti. No le entregues energía a una

persona negativa, ya que tendrá poder sobre ti y aca-
parará tu atención.

*En medio de la noche te
preguntas: ¿dónde está Dios?
Él está protegiéndote en la
angustia, sólo ten paciencia.*

Lucía dio inicio a liberar el miedo poco a poco.
Después de que estás en paz contigo mismo y con los
demás, y te despojas de la envidia, codicia y malos
deseos hacia los demás, podrás empezar a pedir al
Universo, a Dios o a aquello en lo que creas para que
tu anhelo se pueda materializar. Aunque vivas situaciones negativas y luchas limpiamente, es momento
de solicitar ayuda. Cuando se presentaban estas
situaciones, Lucía le preguntaba a Dios: "¿Al ver
mi sufrimiento podrás escucharme?". Dios todopoderoso nos observa, nos escucha y sabe de nuestros
pensamientos y necesidades. Nos pone pruebas muy
dolorosas, aunque en este mundo se llaman obstáculos, que nos hieren, pero Él sabe por qué. A Dios
le gusta que perseveremos y no seamos perezosos,
ya que llegará nuestro momento de recibir todas las
respuestas esperadas. Lucía meditó unos instantes
estos bellos consejos basados en las sagradas escrituras

(Biblia Latinoamericana, 2005, Romanos 12:11-21). Te toca hacer, aquí y ahora, tareas encomendadas por Él. Lucía quería un cambio y quitar estos pensamientos: "No podré pasar de grado de estudios. ¿Cómo enfrentar diferentes opiniones sobre mí y socializar? Plantearse lo que ocurre en el presente para después descubrir la raíz que hace que se repita alguna situación que no nos pertenece y, finalmente, limpiar el ser no será fácil, pero sí se puede". El cambio inició primero interiormente, retirando todos los días estos pensamientos por otros, en los cuales merece regalos de la vida y más. Cuando ese algo llamado conciencia empieza a moverte y a preguntar por qué te pasa una situación es cuando tu ser te está pidiendo ayuda.

Si en algún momento dudas en tomar una decisión en tu vida, permite que tu intuición te guíe.

Para Lucía pasaron muchos años de vida tratando de comprender la causa que detonó una situación, y la respuesta sólo fue haber confiado demasiado en los demás, pero no en ella misma. Debido a esta mala decisión viviría consecuencias y sólo tendría que abrir una puerta que siempre estuvo allí y solicitar al Universo ayuda para que todo empezara a funcionar a su favor. Cuando pedía este tipo de fuerza, Lucía despertaba al siguiente día y pensaba: "Hoy es otra oportunidad, estoy viva"; esto a pesar de que se encontraba rota por dentro. Volvió a sonreír y saludar como si no pasara nada; eso es ser valiente y tener valor humano en uno mismo.

Lucía también comenzó a cimentar su vida en la esperanza, como se lo aconsejaba su madre, a pesar de momentos tormentosos que también ella vivió, quedando huérfana desde que nació. Doña Angélica recomendaba que agradeciera tenerla como madre, ya que ella creció sin ese amoroso acompañamiento. Aunque se vivan adversidades, la queja no tiene lugar, ya que aumenta el sufrimiento y esa luz llamada agradecimiento te alumbrará el camino, al pasar el tiempo lo comprenderás, sólo hay que saber elegir en esta vida o quedarse derrotada antes de empezar este viaje.

Por muchos años don Ángel mencionó estas continuas palabras: "Somos esos, aquellos y los mismos". Con el tiempo, Lucía comprendió que se repiten las vivencias de las personas de vidas pasadas, pero el hoy lo puedes cambiar tú mismo. Si en el pasado se sufrió, hoy puede ser diferente. Buscas las respuestas de por qué está ocurriendo una situación y, si hay duda, te preguntas por qué. Esto es señal de que tu corazón te pide respuestas. Lucía empezó a identificar un escudo que la protegería de personas tóxicas, también estabilizando sus emociones, cuidando su cuerpo con salud, nutriendo su mente y espíritu, pero, sobre todo, enfocándose en Dios. Después de ir obteniendo conciencia y actuando con justicia, Lucía acababa de sembrar la semilla.

Si lo que observas en el espejo no te agrada, sonríe y admírate. Nadie te señala más que tú mismo.

Había un ejercicio que Lucía continuaba haciendo: mirarse al espejo sola en su habitación. Lo único que la atacaba eran sus pensamientos; nadie la podría condenar más que ella misma. Después de salir de allí aplicaba lo aprendido en la meditación en silencio mental: "Yo soy única en el mundo, como lo son los demás, y merezco lo que Dios me da. Una persona no vale más o menos por lo que es o lo que hace". Lucía era incapaz de hacerle daño a cualquier persona. La preparación cuesta mucho, hasta vencerse uno mismo. ¿Por qué seguir luchando hasta contigo mismo si puedes ser tu aliado? Incluso no es necesario luchar y desgastarte en cualquier situación, sino dejarte fluir en tu día, que es muy valioso. Cada momento, hasta los desfavorables, se moverá finalmente a nuestro favor si lo anhelamos buscando respuestas, por ejemplo, en la meditación, que es la quietud, o leyendo otro tipo de cosas que te beneficien primero a ti y después a los demás. Para Lucía el primer paso fue descubrirse en la espiritualidad. Aquí está su brillo; no tuvo necesidad de buscar demasiado.

Aceptar tu personalidad

Lucía recordaba frecuentemente vivencias pasadas, lo que distraía su atención en el presente. ¿Para qué traer el pasado nuevamente? Ya no tiene caso, eso ya se fue, pero los recuerdos desagradables volvían a ocupar un tiempo muy valioso en el presente.

Si queda una marca en el inconsciente no la puedes borrar y olvidar fácilmente, sólo se supera. Cuando hables tranquilamente de aquella situación será sin dolor, pues finalmente fue un aprendizaje para tu desarrollo y evolución humana. Aquí vienes a este mundo a estudiarte a ti mismo y eso no se toma en cuenta. Te preparas para estudiar una carrera y trabajar para solventar tu existencia, pero ¿quién se toma unos minutos para meditar y estudiarse a uno mismo? Ahí está la solución a todo lo que quieras.

Al ser condicionado por los demás nunca sabrás lo que es ser libre.

Cuando Lucía observaba las relaciones afectivas con algunas de sus hermanas quiso hasta imitarlas para encajar con ellas, pero nunca le salió, y no le iba a salir porque ella era única en el mundo, como lo somos todos.

Al llegar a casa de sus padres Lucía pensó: "No es la vida la que te trata mal. Existen situaciones que se te presentan, pero uno tiene que tomar las decisiones. Sin embargo, aún no sé cómo... todavía no puedo. ¿Por qué no puedo vencer mis limitaciones conmigo misma?".

Hubo situaciones hostiles en varios lugares, hasta en la misma familia, donde vivió un ambiente hostil que no comprendía. Lucía empezó a trabajar con sus pensamientos negativos para no seguir atrayendo más gente negativa, que, lejos de motivar, sólo la hundían más y más. Ella no toleraba verse al espejo por más de 2 minutos, tenía mucha carga negativa y recordaba: "Tú no eres buena para algo". Ella era subestimada por los comentarios de aquella sociedad que enfrentaba en su vida. Al fallar en una operación matemática, o alguna otra situación, tomaba muy en serio la opinión de los demás, para así tomar el papel de víctima y permanecer en las manos de manipuladores sin corazón.

¿El alma gemela sí existe? No la busques, ella llega a ti.

Lucía no tenía ni la más mínima idea de qué elegir en la vida como proyecto de vida para su presente, y más para el futuro, pero lo que sí deseaba era seguir estudiando.

—¿Para qué sirvo y a quién voy a servir? —dijo Lucía inmediatamente.

La respuesta llegó en las líneas de las sagradas escrituras: "Yo existía antes del Universo, antes de la creación de la Tierra, de los seres vivos, del cielo y de las estrellas" (Biblia Latinoamericana, 2005, Proverbios 8:22-31). Sin embargo, la sabiduría llega a su tiempo, y primero tienes que equivocarte.

No consientas demasiado a ciertas personas para agradarles, pues tu esencia se perderá. Ponte a salvo poniendo límites.

Lucía no tuvo otra elección en ese momento y terminó por llevar a cabo el sueño de su hermana mayor, Roberta. Para evitar una discusión se rindió y, sin darse cuenta, esto acarrearía muchas consecuencias, como estudiar una carrera comercial con el idioma inglés, que fue lo que eligió Lucía en su momento. Empezó a estudiar con tiempo para prepararse para el examen, del cual se sentía segura porque siempre llevaba buenas calificaciones; tanto en primaria como en secundaria llevaba los mejores promedios.

A las 8 de la mañana en punto arrancó el cronómetro para hacer el examen. Lucía pudo responder todas las preguntas, incluyendo matemáticas, que no era su fuerte. Los resultados estarían en 15 días y los aceptados se mostrarían en una lista en la puerta del plantel.

Pasó ese tiempo y, acompañada por su hermano Ismael, Lucía vio su nombre en la lista. Quedó sorprendida y paralizada al ver las instalaciones, que eran realmente muy lindas, pues las pudo apreciar un poco al paso hacia la recepción.

—¿Puedo pasar con la directora? Fui aceptada —dijo Lucía a la recepcionista.

Esta institución era una de las más reconocidas de la zona y provenía de Francia, donde difundían la fe en la Virgen de la Medalla Milagrosa. Se presentó la directora, que llevaba un hábito color azul marino.

—¡Buenos días! Tomen asiento —dijo la directora—. Fuiste de las personas con alto rendimiento y buen promedio en la mayoría de las asignaturas.

—¡Muchas gracias! —respondió Lucía.

Le entregó una lista de requisitos y la fecha de inicio de clases.

—Felicidades y bienvenida a este colegio.

Ahí mismo su padre le compró su uniforme de cuadros azul marino.

Al ingresar en el horario vespertino se encontró con diferentes edades, todas ellas mujeres. De nuevo empezar a relacionarse y a elegir sus amistades. Como era costumbre, había compañeras que llegaron para impactar con más seguridad y confianza a los demás. Lucía se integraba en el primer año a un grupo de entre 35 y 40 compañeras, con las cuales hizo amistades en un círculo de 12, que, con el paso del tiempo, se redujo a dos o tres.

Resentimiento

*Todo puedes aparentar,
menos el amor.*

Mientras estaba en la casa de sus padres, Lucía iniciaba el remolino de situaciones con sus hermanos. Las primeras fueron Jacinta y Roberta, las hermanas mayores de Lucía, quienes criticaron y juzgaron a su padre. Roberta lo culpaba frecuentemente porque en su momento no les pudo dar estudios ni tiempo para ella porque fue la segunda hija de la familia. Don Ángel atravesaba carencias económicas; debido a esto, Roberta creció con resentimientos hacia él y no supo con quién descargar su ira; no pudo canalizar sus emociones hacia el perdón y aceptar sus realidades. Y, aliándose con Jacinta, eligieron a Lucía para realizar sus demás cargas emocionales. Por otro lado, a Jacinta, que fue la sexta mujer de los hermanos, se le dio la oportunidad de estudiar hasta la carrera de psicología, y en el último año la dejó para huir con un hombre mayor que ella. Con Roberta sucedió algo parecido: ella corrió el riesgo de casarse con alguien que nunca le correspondió ni nunca le correspondería con amor, traicionándola muchas veces. Jacinta manipulaba a las tres últimas hermanas más pequeñas, tanto a Lucía como a Magnolia y Virginia, haciéndoles regalos como chocolates y zapatos mientras la instruía su pareja, llamado Isidro, con quien decidió quedarse, que tomara el dinero a escondidas de su padre para cubrir sus gastos de pareja, o amenazándolas continuamente para que guardaran silencio.

Al paso de los días, Lucía llegando al colegio observaba a quién elegiría como su amiga. Al fin eligió a tres del salón de clases, pero con una de ellas se entendió mejor y se llamaba Clementina. Se frecuentaban mucho, hasta para platicar cosas familiares. Clementina comentaba que se llevaba muy bien con sus primos y en ocasiones, cuando ya cursaban el último año de la carrera, el padre de Lucía pasaba a recogerla a la salida en uno de sus primeros autos, cuando le empezó a dar mejores ganancias su trabajo. Cuando no podía ir, Clementina le decía que su papá la podía dejar también cerca de su casa. Ahí conoció a Ernesto y solamente se saludaban de vez en cuando; hasta conoció a su padre antes de morir, quien también en ocasiones llevaba su auto. De hecho, la convivencia hizo que creciera la amistad de Lucía y Clementina en la escuela durante cerca de 3 años. Lucía nunca se imaginó que al paso de unos años volverían a reencontrarse para unir sus vidas con amor, pasando pruebas muy dolorosas. Los 4 hermanos de Lucía fueron tomando sus propias decisiones y se fueron casando poco a poco, quedando solamente Lucía, Magnolia y Virginia, a quienes les tocó disfrutar y darles a sus padres un poco de lo que tanto les habían dado; les festejaban el día del padre, el día de la madre, etc. A don Ángel, por las noches, le gustaba cantar con una guitarra y le ponían un micrófono para ser grabado, y otras veces jugaban la tradicional lotería. Les platicaba sus experiencias desde pequeño y con doña Angélica; fueron tiempos muy difíciles y, a pesar de todo, supieron superarlos, permaneciendo unidos ante las adversidades y, sobre todo, confiando en Dios.

La persona que habla a tus espaldas nunca vivirá en paz con ella ni con los demás. y tarde o temprano también será traicionada.

Con el tiempo, Jacinta fue cambiando de casa, rentando viviendas donde experimentó el alcoholismo de Isidro más sus golpes. En ese trayecto conoció malas amistades que la llevaron a codiciar y envidiar la felicidad de los demás, incluyendo la de sus padres. Ese círculo se volvió cada vez menos confiable para Lucía, ya que cuando le platicaba a Jacinta cualquier cosa las demás hermanas ya lo sabían también. Lucía se sintió traicionada, pero volvía a caer en la trampa.

Es imaginable lo que la vida te presenta

Llegó el momento de la graduación y entrar a vivir en lo que es el mundo. Su primer empleo fue agradable y relajado. Una conocida le recomendó un trabajo para la administración en una preparatoria en el turno vespertino. Conoció personas de todas las edades, los cual le sirvió de experiencia para los siguientes empleos. Ahí permaneció cerca de un año para después volar a una empresa donde su jefe fue muy explosivo. Lucía no soportaba más su hígado y su apéndice, que se fueron inflamando poco a poco, así que renunció. Su padre siempre le aconsejó que nunca permitiera ningún abuso de nadie.

Encontró otro empleo laborando nuevamente en la oficina, pero de nuevo se enfrentó con un jefe, peor que el anterior, así que visitaba frecuentemente a su médico de cabecera, quien le advirtió que tomara en serio su salud, ya que su apéndice empezaba a darle molestias. No permaneció mucho en ese empleo, así que no permitió más humillaciones de aquel director de esa empresa, sólo en una ocasión le expuso al director, que, a pesar de tener muchos títulos, no podría hacerla sentir menos que otro. Y así transcurrió el tiempo en otros lugares, el último de ellos fue en una institución gubernamental, donde puso mucho empeño para ingresar; la aceptaron debido al resultado de exámenes preliminares.

Las amistades son como las flores,
unas florecen y otras no.

A pesar de su poca experiencia, así enfrentó Lucía otro nuevo viaje en su vida. A veces pensaba que tenía que ser así. Con el transcurso del tiempo en aquel trabajo se fue sintiendo en casa, donde conoció las reuniones de trabajo y hasta festejar su cumpleaños. A pesar de que sus padres le negaron permisos para salir más tarde, Lucía respetó esas reglas y trató de disfrutar de esa forma cada momento. Una compañera llamada Luisa, de la oficina, le ofreció su amistad y su apoyo en el trabajo, lo que le agradeció mucho Lucía al pasar más de un año. Con gusto Lucía ofrecía la cena de Navidad para todos sus hermanos, sin pedir nada a cambio. Su padre, don Ángel, le recomendaba que no todo repartiera y que aprendiera a ahorrar, situación que no previno Lucía para un futuro. Creyó que nada le pasaría. Con respecto a esta situación, Lucía no comprendió las palabras de su padre hasta años después. Encontró el consejo en un versículo sagrado (Biblia Latinoamericana, 2005, Tobías 4: 8-9).

Cuidado. La vida envía señales, pero estás despistado

El blanco de la codicia

Un sábado por la mañana le llamó Clementina a Lucía, diciéndole que haría una fiesta en su casa para celebrar el cumpleaños de su hermana menor. Le pidió que fuera madrina. Lucía aceptó y se preparó para aquel día; llevaría a su madre Angélica y a Magnolia y Virginia con sus parejas. Llegó aquel día y Clementina los recibió a todos. No hubo presentaciones en ese momento por las prisas del evento. Se instalaron en una mesa cerca de la pista de baile. Ese momento fue especial porque se volvieron a reencontrar Ernesto y Lucía; se entrelazaron sus miradas y el roce de sus manos quedó grabado en sus corazones. Clementina fue el vehículo para que ellos realmente se amaran.

Aquella noche Lucía no pudo olvidar a Ernesto, ya que nunca había sentido algo similar. A principios del siguiente año Clementina se volvió a contactar con

Lucía, invitándola nuevamente a otra fiesta, ya que era su cumpleaños. De igual manera aceptó y llegó acompañada de un amigo. Al llegar volvió a saludar a Ernesto, que se encontraba presente apoyando en la música. Nunca se imaginó que fuera el primo de Clementina, ya que ella nunca los presentó.

Aquella noche el amigo de Lucía tuvo que retirarse porque tenía otro compromiso. Más tarde, Ernesto, con confianza y viendo sola a Lucía, se atrevió a saludarla y sentarse frente a ella (con el tiempo él le comentó a Lucía que una fuerza inexplicable hizo que se presentara frente a ella). Empezaron a conversar sobre la música que les gustaba y congeniaban con algunas de ellas.

Después de platicar y cenar Lucía se dispuso a retirarse del lugar, ya que su madre le dio permiso hasta las 10 de la noche, a lo que cortésmente Ernesto se ofreció a llevarla hasta su casa, lo que agradó a Lucía y agradeció sonriendo. En el trayecto intercambiaron sus números telefónicos para después volverse a ver. Antes de despedirse, Ernesto le dejó discos de música para que los escuchara. Después quedarían en volverse a llamar.

Alrededor de dos semanas después, Lucía recibió una llamada de Ernesto para una invitación a salir, pero tuvo que posponerla para la siguiente semana debido a que no se sentía preparada.

Llegó ese día y les pidió permiso a sus padres. Ya que era familiar de Clementina no dudaron que esa persona fuera seria. Cerca de las seis de la tarde tocó la puerta y desafortunadamente abrió Roberta, su hermana mayor, quien fue a avisarle a Lucía que un hombre la buscaba.

—¡Sí, ya voy! —dijo Lucía.

Se saludaron y amablemente le abrió la puerta de su auto. Partieron al lugar, regresaron en el horario que dijeron sus padres a Lucía y desde ese día inició una relación con Ernesto. Esto nadie, por el momento, ni siquiera Magnolia y Virginia, y mucho menos Clementina, conocían. A pesar de que era una relación cordial, Lucía sentía que hacía algo prohibido. En lo que llevaba de vida nunca había sentido o pensado algo igual con nadie; el temor se presentó en ella y se encontraba a la expectativa de la opinión de los demás. Esa inseguridad sólo estaba en su mente, sin embargo, Lucía le hacía comentarios a doña Angélica para hacerle saber que estaba conociendo a Ernesto y que un día lo pudieran recibir, por el momento no veían sus padres ningún inconveniente.

La envidia puede venir disfrazada de mil formas: es mejor estar preparado.

Al poco tiempo, casi un mes, inesperadamente, Lucía recibió una llamada de Clementina; necesitaba saber si formaban una relación más formal. Lucía le confirmó que sí. Clementina se escuchó molesta, ya que debió haberle comunicado desde un principio su decisión, pero no comprendió Lucía por qué su interés. Con el tiempo supo que Ernesto salía con ella y otra de sus primas para que su padre les diera permiso a las dos, de esa forma podían salir, pero Clementina confundía las cosas. No le tomó importancia a esto y cortésmente Lucía se despidió de ella, pero Clementina terminó su amistad para siempre al enterarse de su relación con Ernesto. Lucía tuvo un momento donde la duda pasó por su mente: "¿Qué está pasando aquí?".

Mientras tanto, también las hermanas de Lucía le hacían las mismas preguntas, hasta que también les dijo la verdad de su relación. Todo era muy extraño porque nunca habían tenido tanto interés en saber tanto de Lucía. La que, con el tiempo, también estaba más interesada era Roberta y, además, estaba muy

atenta con Ernesto, quien también confío en esa iden-
tidad falsa.

Pasando unos tres meses de su relación, una tarde
Ernesto quiso presentarle a Lucía su mamá, pasando
por ella a la oficina. Al verla no les agradó mucho, ya
que doña Catalina, al ver cuidadosamente su imagen,
le comentó que no hiciera de menos a Ernesto, que
era un hombre noble y sencillo. Nuevamente quedó
extrañada Lucía y solamente le respondió que ella no
era ese tipo de persona que se estaba imaginando. De
hecho, Lucía llegó con una rosca de pan para obse-
quiársela y doña Catalina correspondió diciendo:
"¡Muchas gracias!". Lucía creyó que eran malentendidos y que eso no volvería a ocurrir. Así continuaron
las visitas con doña Catalina y Lucía, que en ocasiones
llegaba con algunos presentes, tratando de agradarle,
situación que después Lucía comprendió que no debió
provocar de esa manera. Que te quieran y respeten
por quien eres, no por lo que haces.

Lucía pensó que Ernesto provenía de una familia
por lo menos tranquila, ya que en algunas ocasiones
era lo que le mostraban, pero no fue así. Después ella
comprendió que doña Catalina empezó a codiciar a
raíz de que perdió al padre de Ernesto cuando él tenía
14 años aproximadamente.

Mientras se conocían, Ernesto y Lucía compaginaban también con sus labores: Ernesto con la elaboración de trabajos de imprenta en general y a Lucía la integraban cada día en el equipo de la administración de aquella institución gubernamental. En ese entonces se sentían orgullosos de cada una de sus labores. Tanto Lucía como Ernesto colaboraban en el apoyo de gastos de sus padres, lo cual nunca fue inconveniente para ellos, ya que la nobleza hablaba por ellos. Por lo general, Lucía no tenía mucha cercanía con sus familiares debido a que continuamente había críticas no constructivas y tomó distancia de ellos. Lucía pretendía tener el control de que todo pudiera salir bien en todos los aspectos, pero no siempre fue así; primero debía tener control de sus emociones, aunque caía en la ira para defenderse nuevamente.

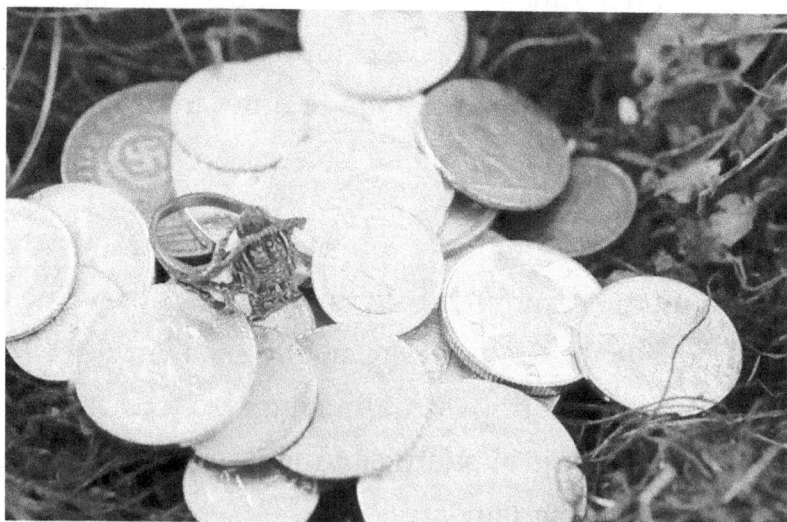

Si no toleran tu presencia, es porque tu resplandor sólo muestra amor.

A pesar de todo, Lucía empezaba a ver las bendiciones del sustento. Cuando llegaron las festividades de fin de año les dijo a sus padres que todos los gastos correrían por su cuenta; quería compartir toda la felicidad con los que se encontraba a su alrededor y así fue. No importaba si algún hermano no tenía para poner algo en la mesa, ella simplemente sería generosa con todos sin recibir nada a cambio; solamente quedaban asombrados con el gesto de Lucía y continuaba la fiesta. Lo que no sabía Lucía era que, si un día necesitaba de alguien, le darían la mano, pero desafortunadamente esto no ocurrió en ninguna ocasión. Don Ángel quiso hacer una reunión e invitó a Ernesto, él aceptó porque Lucía le platicaba que era muy alegre y le gustaba reunir a toda la familia, lo cual vivió Ernesto con su padre. Al integrarse Ernesto a ese núcleo familiar de don Ángel, él pretendía conocerlo, y en esa reunión se presentó esta situación: había música y comida, que con gusto ofrecía don Ángel, lo cual le pareció bien, aunque se excedieron hasta hacer a un lado a Lucía, haciendo comentarios negativos sobre ella. Lucía le pidió a Ernesto que salieran un momento de ahí para comunicarle que tampoco se fiara mucho de ellas, sus hermanas, porque no todo era como se le hacían creer. Ernesto no le dio mucha importancia y regresaron a la reunión. Después habló con ellas para que le aclararan lo sucedido y contestaron que: "Ernesto no tiene por qué creer en ti. Déjalo". Lucía no podía creer que se entrometieran entre ellos su propia familia, por lo que en ese momento les dijo: "No quiero que se vuelvan a dirigir de esta forma con él".

Lucía tomó el riesgo de continuar esa relación, ya que sus padres sí estaban de acuerdo, no como en tiempos pasados que no aceptaban a ciertas personas. Lucía creyó que todo lo que sus hermanas le comentaban no tenía mala intención, pero desafortunadamente no siempre fue así. Pero nuevamente quedaría defraudada con el tiempo. Fue creciendo la relación y al cumplir más de 2 años y medio no se imaginaron que ya se habían formado dos grupos: uno con la familia de sangre de Ernesto y otro con la de Lucía, poniendo los ojos en ellos. La envidia y la codicia fueron los ejes de esos dos grupos, que fueron llenando el costal para cada uno de ellos, sin enterarse de que cada día estas emociones crecían. La mente de algunas personas se distorsiona, ya que quieren lo que no pueden darse ni ellas mismas.

No gastes energías con personas huecas; tu energía positiva será tu escudo de poder.

Lucía pensó: "Esta vida es un puente hecho de hilo muy delgado, el cual, si tomas decisiones equivocadas, tarde o temprano se caerá".

Todo parecía ir más o menos bien, pero de repente llegó aquella frase que dice: "toqué fondo". Lucía, estando en la oficina y a punto de salir, sintió un fuerte dolor de estómago que no le permitió levantarse de su silla, solamente pidió auxilio a su compañera de escritorio e inmediatamente la llevó a la sala de juntas para juntar unas sillas y recostarla ahí. Lucía pretendía llegar a la clínica de su doctor de cabecera porque sospechaba que era su latoso apéndice, pero el dolor fue inevitable, así que la trasladaron hacia el hospital que le correspondía. Allí ya estarían esperándola sus padres, pero, por la aflicción, Lucía les dijo:

—No es nada, pronto saldré de aquí.

Desafortunadamente, no fue así. El informe médico fue que tendrían que operar de emergencia, ya que el apéndice reventaría en unas horas y Lucía tendría que dar su consentimiento. Aterrorizada al verse y sentirse muy mal, el miedo la paralizó en ese momento y se negaba a autorizar la operación. Finalmente tuvo que hacerlo porque fue a hablar con ella el mejor médico del hospital y tuvo que firmar en ese momento. Lucía había tenido enfermedades de garganta o del estómago, pero nada parecido a una operación de alto riesgo.

—Cuente hasta 10, por favor —dijo el anestesista y Lucía sólo recordó hasta el número 8.

Al siguiente día despertó y miró a su alrededor. No podía moverse y sintió que se mareaba; apenas pudo llamar a la enfermera, quien la auxilió. Hasta el tercer día le dieron cama para recibir visitas y ahí volvió a ver a Ernesto, a quien también le preocupó su salud, en compañía de sus familiares.

—Me encuentro fatal —respondió Lucía.

—Estás muy pálida, perdiste mucha sangre —dijo Ernesto—. Siento mucho lo sucedido.

Lucía empezó a llorar.

—Es terrible estar en este lugar sola, sin poder externar mi sentir.

Ernesto en ese momento consoló a Lucía con un beso. A través de la ventana, Lucía miraba los amaneceres prodigiosos día tras día, así como las noches eternas. La tristeza y la depresión invadían su habitación y no dejaba de llorar. Con mucho trabajo pudo volver a caminar de nuevo.

Permaneció 18 días en el hospital, hasta que la dieron de alta, y todavía le mandaron reposo en casa dos semanas más. Ahí en casa lloraba aún más junto a su madre, quien le brindó el apoyo, pero, manipulada por sus otras hijas, le retiró lo brindado. Así que Lucía decidió volver a trabajar antes de perder su empleo.

Lucía retomó su vida y, tomando conciencia de lo sucedido, prometió cuidar de ella con amor porque Dios le estaba dando otra oportunidad de vivir y hacer las cosas diferentes esta vez. Y así empezó: primero valorarse y nutrirse bien, luego tuvo que pedir perdón a su cuerpo por maltratarlo, retirando lo que le perjudicaba; Lucía no puso primero a Dios en su vida para iluminar su camino y cumplir una voluntad a la que se resistía continuamente. Pasado el tiempo de reflexionar y modificarse física, mental y espiritualmente, Lucía continuó su viaje. A pesar de que la familia política le retiró hasta el saludo y había enfados con su familia de sangre, Lucía continuó, a pesar de que no comprendía por qué seguir con Ernesto... Y es que la vida te pone a personas y situaciones con las que tienes que trabajar muy duro para sanarte primero a ti.

Una tarde de sábado llegó Ernesto en su auto con un ramo de rosas rojas, pidiéndole a Lucía que se comprometiera con él. En medio de aquel ramo de flores le esperaba el anillo de compromiso, el cual la sorprendió, y, desde luego, respondió con un sí. Para principios del año 2003 formalizaron su noviazgo, comunicándoselo a sus respectivos padres. Don Ángel y doña Angélica les agradó su matrimonio, aunque no mucho a sus hermanas. A doña Catalina no le agradó la noticia, incluso no le dio importancia, pero Ernesto le solicitó su apoyo, así que tuvo que acceder.

A pesar de llevar cicatrices, sobre todo en el corazón, Lucía mostraba en su mirada tristeza y soledad, pero gracias a su voluntad y fe en Dios se volvió a poner de pie. Reconocía la nobleza de Ernesto y el cariño que sentía hacía él se convertía en amor.

Una mañana del mes de marzo de 2003, Lucía empezó a escuchar en la oficina que habría movimientos administrativos. Confiando en que a ella no la moverían, continuó laborando; ella tenía planes con Ernesto en un futuro próximo. Pasaron unos días y Lucía pensó sentada en su escritorio: "En este momento me siento ajena a todo esto, a este lugar que me dio grandes alegrías y me agradó como si fuera mi hogar. No quisiera que me apartaran de esto, pero sé que un día ya no estaré aquí". Su intuición acababa de tocar la puerta de su corazón, así como el apego a las cosas y a las personas.

Poco a poco todo empezó a cambiar. Lucía trataba de conocer a la familia de sangre de Ernesto, pero poco a poco le dejaron de hablar, ya que él salía continuamente con ella: la llevaba a la oficina por las mañanas y la esperaba al salir. También le empezaba a dedicar tiempo, algo que no soportaban los familiares de Ernesto, sobre todo doña Catalina.

Lucía llegó de nuevo a su trabajo y percibió una energía muy pesada, no con el color de tiempo atrás. Se integró a sus labores y su jefe inmediato le pidió que fuera a su oficina.

—Toma asiento, por favor. Quiero comunicarte esta situación: en el transcurso de este mes de marzo, como te has dado cuenta, ha habido cambios en esta área por la llegada de la nueva administración, y a ti te eligieron para ver dónde te reubicarán en otra instancia. A algunas otras las liquidarán.

Mientras escuchaba esa información, Lucía pensó: "¿Y mi esfuerzo y dedicación por las tareas encomendadas, las horas extras no reconocidas, etcétera?".

—¿No les gustó mi trabajo? —preguntó Lucía.

—Tu trabajo es excelente, pero a mí me entregaron una lista y ahí estabas tú.

—¿No pudo hacer nada? —dijo Lucía.

—Tus capacidades son muy altas, pero…

—Entiendo —respondió Lucía y, pensativa, puso en duda todo esto—. Si no hay problemas con el trabajo, entonces existe un plan entre ellos y tengo que tomar una decisión contundente.

—Lo siento mucho —dijo su jefe inmediato.

Lucía dio vuelta y se retiró a su escritorio para empezar a recoger sus cosas. Le hizo una llamada a Ernesto para ver si podía ir por ella; ya le explicaría la situación después. Hizo una carta de renuncia, pero el director general la rechazó. Lucía quedó impactada ante esta pérdida laboral. Observaba su entorno y muchas personas corrían furiosas, otras lloraban como Lucía.

—¿Y mis planes? No quisiera irme y menos así —dijo Lucía.

No sabía que tendría que desapegarse de ese lugar. No quiso pedir un consejo a quien seguía conservando su trabajo, como la primera compañera que le dio su apoyo cuando llegó ahí. Lucía sintió vergüenza, a pesar de que no cometió algún delito. En ese momento sus emociones, como la ira, la tristeza, entre otras, estaban en caos total. Con el tiempo leyó las sagradas escrituras, donde reflexionó lo siguiente: "¿Cómo el ser humano podrá manejar la prudencia, la inteligencia, la justicia y el valor?". "¿Cómo aprender a discernir las cosas?". Lucía reflexionó estos sagrados párrafos enriquecedores (Biblia Latinoamericana, 2005, Juan 16:13 y Proverbios 1:20-33, 2:1-22) y creyó que con lo que sabía podría manejar todo, pero no fue así. Nunca buscó para encontrar respuestas en ese momento.

Recibió la llamada de Ernesto, quien la esperaba afuera del edificio. Él la encontró en total desequilibrio y en ese momento le dio su apoyo. Y es que encontrar el equilibrio en las emociones cuesta y mucho, pues conlleva disciplina, pasión por hacer diferente las cosas, dominarse a sí mismo, no dejarse llevar por los impulsos y saber cómo manejar el temperamento, que es muy diferente a tener carácter, para realizar las tareas diarias de la vida. Lucía buscó y encontró respuesta a cómo controlar sus emociones, y leyó un fragmento bíblico (Biblia Latinoamericana, 2005, Proverbios 16-32).

La habilidad para controlar los movimientos de los demás

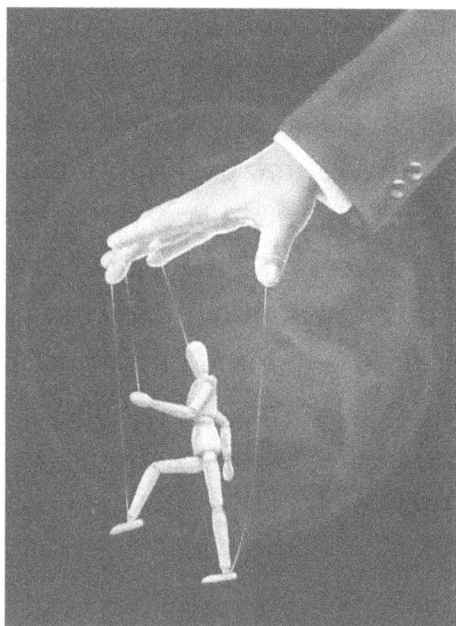

Ernesto y Lucía platicaron en el momento y él la llevó a la casa de sus padres, a quienes también les comunicó lo sucedido.

Pasaron unos días y la llamaron para que se incorporará en otra institución, pero no aceptó porque continuaba con el apego del anterior empleo. No tuvo fuerza de voluntad, no creyó en ella misma, no tenía idea de cómo manejar sus emociones y, sobre todo, no tenía fe. Todo tomaría otro rumbo en su vida porque fue presa del miedo. No pudo levantarse de la depresión y no volvió a presentarse en ningún otro lado para trabajar. Nunca le había sucedido algo así, pues siempre tuvo el suficiente carácter y voluntad para continuar lo que ella deseaba. Así transcurrieron sus días a lado de Ernesto, quien no comprendía por qué tomó esa decisión. Pero él continuaría apoyándola en cualquier decisión que Lucía llevara a cabo.

Faltaban pocos meses para su boda y no pensaron ni siquiera dónde vivir. Empezaron con los preparativos de la misma tomados de la mano. Lucía creyó que en algún momento podría contar con algunos de sus hermanos, pero le dieron la espalda. Continuó Lucía caminando llena de heridas y de continuar con Ernesto pensó que todo sería diferente, que le daría vuelta a la página de su vida. Hubo confusiones en su pensamiento, se volvió indecisa, ingresaron a su mente pensamientos negativos y dejó ir cada oportunidad de empleo. De igual manera, Lucía cayó en volver a confiar en Virginia, Roberta o Jacinta, quienes al verla débil la tomaron como su presa, ya que, después, Jacinta y Roberta le pidieron a don Ángel que les permitiera vivir ahí junto a él y que construyera una casa porque sus parejas eran irresponsables. Así que Lucía las vería todo el tiempo, mostrándoles una cara falsa.

Llegó el momento tan esperado para Ernesto y Lucía. Siguiendo una fuerza inexplicable continuaron con el enlace. Lucía deseaba un abrazo, un consejo o una mirada de amor de sus padres antes de tomar esa decisión, pero ya estaban siendo manipulados por Roberta y Jacinta y se volvieron fríos con ella. Magnolia y Virginia nunca le ofrecieron tampoco nada de esto y Lucía se preguntaba: "¿Qué estaba pasando? Todos me dan la espalda. A ellas nunca les dije que no cuando me pedían algo". No tuvo en ese momento en quien confiar sinceramente para desahogarse. Lucía lloraba por las noches en su habitación, donde vivió los más amargos momentos y sólo se tenía así misma. Aun viendo ese panorama tendría que seguir luchando, aunque su fe se derrumbaba cada vez más en cada lágrima.

El día previo a la boda miró su vestido y pensó: "Nadie de mi familia se alegra de que yo me case con Ernesto y no sé a qué me voy a enfrentar". Y, sin más que decir ni pensar, sólo se fue a dormir.

Llegó el siguiente día, así como la estilista para arreglar a Lucía, quien se encontraba muy nerviosa y en ese momento recibió la visita de uno de sus familiares, quien la felicitó con mucha alegría y le entregó un regalo.

—¡Muchas gracias! —respondió Lucía.

—¡Te deseo lo mejor! —le dijo Rosa.

Los padres de Lucía, don Ángel y doña Angélica, le dieron la bendición antes de salir hacia la iglesia, después se prepararon para entrar a la iglesia y el sacerdote les hizo notar que, así como se tomaron de las manos, por nada ni nadie se soltaran porque el amor lo puede todo y que vendrían muchas pruebas muy fuertes, recomendándoles hacer una vida independiente de los padres para iniciar su matrimonio y aprender de los errores, es decir, dejar al padre y a la madre, lo cual no fue así (Lucía le pediría a su padre que los dejara vivir un tiempo con ellos mientras veían cómo hacerse de una casa propia. Ese tiempo duró 3 largos años.) Mientras tanto, en la recepción iban llegando los invitados. Entraron los novios, que recibían aplausos al bajar de la escalera, para pasar al centro del salón y darles la bienvenida a todos sus allegados.

Lucía no dejaba de besar a Ernesto y, de igual manera, Ernesto también la besaba. Ernesto estaba muy contento, de un lado para otro, y de momento los meseros los llamaron a los dos, diciéndoles que parte de la comida estaba quemada. En ese momento Lucía llamó a la madre de Ernesto, quien había preparado el banquete, y ella sólo les dijo que no se había dado cuenta, lo que les molestó a los recién casados. Sin embargo, Lucía no quedó muy convencida de su respuesta, pero con todo y estos inconvenientes finalizó el evento.

La realidad los esperaba regresando del viaje cerca del mar, teniendo que pasar incomodidades con los padres de Lucía, transcurrieron los días. Ernesto empezó a preocuparse al ver que en su negocio habían bajado mucho las ventas, por lo que tendría que tomar la decisión de abandonarlo; él pensó que sería de ellos. Al verlos sin trabajo, los padres de Lucía generosamente los apoyaron y les dijeron que ellos también habían pasado por algo así, sólo que ellos lo enfrentaron sin ningún familiar que los apoyara.

Lucía platicó con Ernesto sobre si le gustaría trabajar en el taller de don Ángel y trabajar la madera. Realmente no le agradó mucho, ya que sólo había tenido anteriormente trabajos de mecánica automotriz que le había enseñado su padre, don Santiago. Al verse mal económicamente, Ernesto aceptó la proposición de Lucía, así que él, más tarde, habló con don Ángel. Lucía lo motivaba a seguir adelante en cada circunstancia, a pesar de todo. Nada se obtiene fácil y para aprender un oficio o cualquier labor se necesita dedicación y entrega. Uno a otro iban haciendo a un lado los miedos. Lucía también se sentía agradecida y participaba en los quehaceres de la casa, aunque en ese momento la sentía ajena.

Esperaron varios meses para ser padres. Cuando Dios les envió la bendición estaban muy contentos, y a pesar del poco espacio y las carencias le dieron gracias.

Don Ángel continuaba haciendo reuniones y ahora le daba la bienvenida a Ernesto, quien se integraba al equipo de trabajo. Ahí observaba a sus familiares y escuchaba que no les agradaba que vivieran con sus padres. Representaba un reto para Lucía salir de allí y ver la forma de hacerlo.

Había una lucha entre familias, pero en realidad eran ellos quienes se alejaban uno del otro, ya que los comentarios mal intencionados de sus familiares lo ponían en contra de ellos mismos. Al no tomar la decisión de independizarse y rentar una vivienda, el miedo nuevamente hacía otro nudo más en sus pies. Existieron momentos en los que Lucía quería dar este paso, pero Ernesto no. Él ya no tenía el control de su cuerpo ni de su mente, que algún día les pertenecieron. Lucía no perdía la esperanza de que un día llegaran a encontrar su verdadero hogar.

Sí hubo pocos momentos en los que retomaban su relación de pareja y olvidaban las circunstancias para tomar un respiro y volver a enfrentar la realidad.

Después de haber pasado algunos meses llegó una bendición inesperada para ellos: ¡la llegada de un bebé! Los tomó por sorpresa, aunque Lucía ya lo deseaba. Ernesto quedó sin palabras.

—No sabemos aún cómo ser padres —dijo Ernesto.

A lo que le respondió Lucía:

—Nadie sabe, pero iremos aprendiendo.

Lucía también quería contribuir en los próximos gastos que se vendrían, así que le pidió a su madre, doña Angélica, que la empleara en un pequeño negocio de venta de zapatos, y, al verla preocupada por su situación, hicieron un acuerdo entre las dos y además se ayudarían mutuamente.

A quien no le agradó fue a Jacinta, quien no tardó en demostrar envidia y descaradamente le dijo a doña Angélica que ella vería la forma de crear su propio negocio como el de ella.

Los días pasaban y, viviendo carencias, Lucía y Ernesto iban pasando la prueba que tendrían que superar, dándoles la cara a los parientes de cada uno.

El interés fue creciendo en Ernesto para seguir aprendiendo un nuevo oficio, agradeciéndole a don Ángel la oportunidad. Asimismo, él tendría que salir a trabajar fuera de la ciudad, dejando a Lucía con seis meses de embarazo, y sólo se verían los fines de semana. Aunque a ella no le agradaría, tendría que aceptarlo para el futuro de su bebé.

Aunque Lucía no sabía cómo hacer ventas de este tipo, tocaba a su bebé en su vientre y así se motivaba para seguir luchando, retomar su confianza y perder el miedo poco a poco. No podía huir de esa realidad, solamente tendrían que ver cómo resolver de momento esa situación.

Terminó la espera para conocer a su bebé y con mucho gusto llegó una niña, a quien le pondrían Fátima, en el año 2005. Virginia la recibió con unos globos en la habitación de Lucía, quien le agradeció mucho el gesto tan amable.

Cuando Fátima tenía 9 meses enfermó de la garganta, eso fue lo que dijo un médico, y debido a que Lucía no supo darle bien el medicamento para bajar la temperatura de su bebe, Fátima convulsionó. Afortunadamente, Ernesto ya había terminado de trabajar fuera de la ciudad y le pidió a don Ángel su auto para llevarla al hospital porque la bebé no respondía. Lucía desesperada le pedía a Dios que no la arrebatara todavía. Los médicos la atendieron rápidamente y gracias a Dios salió con vida. Los padres de Fátima tuvieron más cuidados con ella para que no volviera a ocurrir esta situación.

Ernesto y Lucía decidieron buscar quiénes serían sus padrinos para bautizar a Fátima en el año, y aparentemente Roberta les hizo creer que ella y su marido eran buenas personas, así que los eligieron.

Si no eres correspondido, de nada servirá tu entrega. Mejor retírate y no dejes de ser tú mismo.

A Lucía y Ernesto les dio gusto entregar las invitaciones, pero de repente llegó Roberta y le dijo a Lucía que ya no podría con el compromiso y que pensara en otras personas. Muy desconcertada se quedó Lucía con esta repentina decisión y le dijo:

—¿Por qué, Roberta?

Ella respondió:

—No me agrada como eres. No cubres mis expectativas, aunque seas mi hermana. Además, no quiero que mi esposo tenga que hacer gastos frecuentes con tu hija.

—¿Pero qué estás diciendo? Yo no lo hago por conveniencia, ¡por eso mi bebé tiene a sus padres! Creí que me aceptabas como yo soy, siempre me lo decías. ¿Ahora qué te pasa?

Don Ángel escuchó las voces y también se molestó por no ser responsables de lo que ya habían aceptado.

Roberta no dejaba de juzgar a Lucía, pero en el fondo sólo era el reflejo de sus carencias emocionales. Le hicieron creer a Ernesto que Lucía había provocado esta situación y en él fue creciendo la desconfianza en Lucía. Lo que ella pretendía, a pesar de la poca experiencia de vivir en pareja, era tomar decisiones juntos, independientes de las familias de sangre; era agotador este tipo de escenas y, sobre todo, desgastantes.

Continuaba Lucía queriendo relacionarse con su familia política, pero ellos no podían dominarse a sí mismos, ya que ni el saludo le correspondían. Ella deseaba una estabilidad emocional, así como su relación sentimental con Ernesto y su familia cada vez que se encontraba dispuesta a cambiar ella misma, así que empezó a cuidarse nuevamente, mentalmente, siendo más positiva ante la vida. No le dio la espalda a estos obstáculos, sino que fue aprendiendo cómo solucionar estos episodios en su vida para no seguir atrayendo enfermedades y escenarios negativos. Sí había momentos en los que quería darse por vencida, pero aún resistía.

Cumpliendo Fátima los dos años, don Ángel le comunicó a Lucía que demolerían toda su casa para reconstruirla de nuevo. Los hermanos mayores vivirían ahí, pero no la incluirían a ella. Esto lo manipuló, por supuesto, Jacinta para que su padre le diera permiso de construir ahí también su casa. Lucía se lo comunicó a Ernesto y de nuevo pensaron a dónde iremos. Ahora podrían rentar una vivienda, pero Ernesto dudó que podría salir nuevamente, así que habló con su madre Catalina para construir una vivienda allí con ella. Lucía se reusaba porque nunca hubo aceptación y pensaba que nunca existiría. Desafortunadamente accedió a lo que Ernesto le proponía para no rentar. Lucía pensó: "Si no estás segura de ir hacia donde no te quieren, te encontrarás frente a un túnel donde nunca encontrarás la luz".

Así que marcharon hacia la casa de doña Catalina para que empezaran los trabajos de la edificación de la casa. Ahora a Lucía le tocaba vivir bajo el mismo techo de la persona que la aborrecía, quien empezó a dominar los horarios y la forma de hacer las cosas. En estas circunstancias, realmente las expectativas de Lucía eran nulas, ya que ignoraban su presencia. Nadie puede apagar el brillo de nadie, como las estrellas, que se encuentran día y noche en el firmamento.

Lamentablemente, Lucía no era tomada en cuenta, más bien era invisible para la familia de sangre de Ernesto. Ella trataba nuevamente de encajar, lidiando con cada uno de los que ahí habitaban, pero fue inútil. Cuando se encontraban tomados de las manos y doña Catalina llegaba, se soltaban rápidamente, como si cometieran un delito. Por momentos, Lucía se creaba pensamientos de culpabilidad por haberse unido a Ernesto, aunque esto no era verdad. A esto se le agregó que Ernesto tendría que salir a trabajar nuevamente fuera de la ciudad, haciendo trabajos de madera en una casa cerca de la playa, así que no podría ir y venir, pues permanecería un mes sin regresar. A Lucía no le agradó la noticia porque no sabría qué hacer mientras él permaneciera en aquel lugar. Sería difícil quedarse sola y en esas circunstancias que vivía con la madre de Ernesto en la misma casa, sin un saludo, sin vencer su egoísmo, su odio y envidia, pero tuvo que aceptar porque ese dinero serviría para completar la construcción de la casa que se iniciaba y vivir con un poco de privacidad. Lucía pensó que sacrificar algunas cosas no sería en vano para obtener otras, y así fue.

Lucía realizaba sus quehaceres y salía a ver a sus padres; nuevamente, sus hermanas no soportaban su presencia. Lucía no renunciaba ni se daba por vencida, ella deseaba encontrar respuestas sobre su salvación, ya que observaba cómo sus hermanos construían sus casas y sus negocios poco a poco, menos ella, que con mucho trabajo podía comprarse zapatos para ella y su hija. No comprendía por qué cada vez era más y más difícil salir adelante.

Lucía inició su sanación ignorando a ciertas personas y amándose a ella misma. Así resaltarían cosas materiales que ella no tenía en su momento, ella pensó.

—Esa persona no es más que yo. Yo me amo tal como soy, me encanta ser yo nuevamente. Me gusta estar conmigo y, si me aprueban o no, de eso no dependerá mi felicidad ni mi estabilidad por lo menos el día de hoy —dijo Lucía.

Sin embargo, había días en que su autoestima bajaba y buscaba la forma para disfrutar de un nuevo amanecer, seguir adelante y cumplir la finalidad de su vida.

Había momentos en que la invadía la tristeza por no ser aceptada tal y como era. Lucía buscaba la forma de agradarle a todo el mundo, pero no conseguía nada. Dejó el ejercicio y todo lo demás que había construido. A la mañana siguiente sintonizó otro tipo de programación donde había especialistas como psicólogos y terapeutas, los cuales recomendaban libros y hasta canciones que le harían sentir que valía, sin compararse con nadie. Le llamó atención los guías espirituales y comprendió la raíz de toda la situación que le sucedía. Iniciaron las respuestas a todas sus preguntas, ya no más reproches, culpas ni seguir siendo víctima, sólo aceptar lo que se hizo y que ya había pasado y que todo serviría de experiencia para aprender. Así te vuelvas a equivocar una y otra vez, pero llegará el momento en que no sucederá más. Y cuando tomes decisiones que te hagan sentir bien, los fracasos los tomarás con la suficiente madurez y sabiduría.

Cuando Fátima se encontraba cursando el preescolar llegó otra bendición, nuevamente serían padres, y pasados 3 meses confirmaron que era un niño. Teniendo la experiencia de Fátima, ahora estarían un poco preparados para su segundo hijo.

Al seguir viviendo con doña Catalina, Lucía le pidió a Ernesto regresar con sus padres para recibir apoyo después del parto, ya que su mamá no quería, de igual forma que fue con Fátima, darle cariño alguno. Ernesto estuvo de acuerdo, en realidad él veía que su madre no convivía con ellas, pero no lo admitía y culpaba a Lucía, lo que provocaba discusiones. Al cumplir los 8 meses de embarazo empacaron algunas cosas, pero la abuela no lo tomó muy bien que digamos, ya que le hizo saber a Lucía que toda esa mala relación era provocada por ella, y molesta le respondió:

—No me diga que ha sido amable conmigo y con Fátima. Claramente se nota que no me daría ni un vaso de agua saliendo del parto, así que nos vamos con mis padres, quienes nos darán su apoyo y su cariño —dijo Lucía.

Lucía empezó a tomar decisiones y dijo:

Muchas veces lo sucio está en tus pensamientos, no en los objetos.

—¿De qué te va a servir una casa grande con tus ropas limpias si tus pensamientos están llenos de maldad en contra del otro? Permanecerás vacío al final del día.

Lucía empezó a dejarse guiar por el Universo y Dios le daría lo que realmente merece. Todo lo malo actuaría a su favor, librando las batallas y hasta las guerras, y se daría cuenta de que sí está siendo protegida por el Todopoderoso.

La llegada de su bebe tendría una razón de ser, ya que ahora tenía claro que no podía contar con nadie de sus familiares, mucho menos de familiares políticos, así que les pidió a sus padres que fueran los padrinos de su pequeño, a quien le podrían Abraham, los cuales no dudaron porque con ellos se crió también Fátima.

El círculo tóxico sólo buscaba a su víctima, a la más débil, para descargar todo lo que traía a sus espaldas. No aceptes cargas ni culpas que no son tuyas, cada persona es responsable de cada decisión que tome. Eso es algo que no podemos permitirle a nadie porque siempre estaríamos en medio de un avispero.

En una ocasión, Ernesto enfrentó a su madre para que le ofreciera una explicación de por qué le escondía cosas a Lucía, ya que no podía agacharse porque su embarazo estaba muy avanzado, a lo que temerosa respondió:

—¡No, no! ¡Yo sólo los coloco donde no estorben!

—¿Realmente no te has dado cuenta de que está esperando uno de tus nietos? —dijo Ernesto.

Pero doña Catalina no respondió, así que durante un tiempo le retiró hasta el saludo a su propio hijo, lo que no podía creer Ernesto, si sólo le pedía respeto para su esposa y sus nietos. Pero ella continuaba alimentando su rivalidad, que desencadenaba en la envidia. Lucía iba comprendiendo poco a poco qué era la envidia bajo un fragmento bíblico (Biblia Latinoamericana, 2005, Proverbios 14:30).

Celebraron, gracias a Dios y al trabajo recibido, el bautizo de Abraham.

La convivencia de Ernesto con los padres de Lucía se pronunciaba cada día más, ya que a don Ángel le encantaba salir los fines de semana fuera de la ciudad para quedarse en su casa de campo, que adquirió gracias a su trabajo. Invitaba a Ernesto y Lucía con sus hijos, lo que producía alegría y tranquilidad, aprendiendo de cada consejo que les daban para continuar con su matrimonio y luchar por sus vidas, siendo valientes ante cualquier adversidad, ya que los padres de Lucía, en su juventud, hicieron su caminar solos, sin el respaldo de sus padres. Así creció la fortaleza de los padres de Lucía. Lo que les recomendaban era que no se quejaran de nada, sólo que fueran agradecidos con lo que Dios les ordenaba hacer, palabras muy sabias de don Ángel, las cuales admiraba Lucía cada vez más. La fuerza de voluntad de cada uno de ellos provocaba nuevamente miradas de envidia en las dos familias.

La carretera, con abundantes pinos y la esencia de su padre, no tenía comparación alguna; era un cobijo para Lucía que no lo cambiaba por nada. Ella sólo quería aprender de su padre y sentirse una hija amada. De esta manera se vivió durante ese lapso.

Todos los días Ernesto continuaba trabajando hasta las 11 de la noche para poder instalarse en la nueva casa, así que se perdía estar al lado de sus hijos y de su esposa. A pesar de que llegaba rendido, todo lo hacía por amor a su familia, a pesar de comentarios malintencionados. Lucía escuchaba a lo lejos que no merecía tener casa nueva, decorarla a su gusto ni dar su opinión alguna, así que se lo comunicaba a Ernesto, pero él se reservaba sus respuestas.

Llegó el momento de partir y regresar a aquel lugar donde serían el centro de atención de cada movimiento. Poco a poco Ernesto deseaba darle forma al interior de la casa; Junto con Lucía y el apoyo de don Ángel iniciaron por los pisos, las paredes, etc. Iban aprendiendo que todo llevaba un esfuerzo. Además, Lucía apoyaba en algunos gastos y Ernesto trabajaba mejor. Aun así, no llegaban a la meta de acabar las habitaciones de sus hijos, pues faltaban pisos, etcétera.

—¿Por qué no puedo comprar lo que nos falta? —dijo Ernesto.

Iniciaban los disgustos entre ellos. Siempre llegaban los pensamientos de "no tengo tal cosa material". Lucía buscaba la forma de cómo seguir apoyándolo un poco más, alentándolo y diciéndole que todo tiene solución.

Una mañana Lucía reflexionó sobre una frase que oía cotidianamente, pero en ese momento cambió algo en su pensamiento, la escuchó perfectamente: no es lo mismo oír que escuchar, ya que escuchar es poner atención. "Tú eres lo que piensas". Le pidió a Ernesto que sacara de la bodega aquella bicicleta que utilizaba para ejercitarse, pues no haría efecto estando guardada.

Lucía pensó que su vida tenía que valer. Enfrentó el espejo con ayuda de libros, empezó a escribir lo que veía y no le gustaba, luego lo rompió y prosiguió a decir:

—Te amo, Lucía. Me gusta cómo eres, no hay por qué temer si conozco tus gustos.

Lucía agradeció estar viva, miró el cielo, el Sol y la ciudad. Así empezó a atraer con sus pensamientos lo que necesitaba, y cada vez que tenía un pensamiento negativo lo cambiaba por un momento feliz. Luchó hasta encontrarse a ella misma. Dejó de menospreciarse y empezó a fluir. Todo esto conlleva un gran trabajo todos los días. Ya no temía a los días nublados y lluviosos y dejó de tomar tantos antibióticos, ya que dentro de ella se encontraba el poder de sanar su cuerpo.

Sin embargo, la situación familiar continuaba en mal estado. Empezó a leer cada vez más las sagradas escrituras para seguir conociendo de la vida y darse paz mental.

Empezó a cultivar la fe y empezó a creer que Dios te escucha, aunque no lo veas. Deseaba retirar personas falsas de su camino y del de Ernesto, pues ya no querían seguir siendo dos canarios encerrados en una jaula, buscando la forma de ser realmente libres. Para poder ser ya no es necesario desear algo, ya que Dios se encargará de no dejarte sin comer y vestimenta. Él desea ver en ti su obra maestra, despojándote de la codicia o la envidia para poder solicitárselo cuando tú quieras. Si deseas hacer cosas diferentes y no perjudicar a nadie, aunque no les guste, ¡hazlo! No tengas miedo para poder ser libre.

Lucía estaba segura de que Dios pone los medios y a las personas para completar su obra, y se le presentó una persona que le recomendaría productos naturales para su salud, los cuales no afectarían sus órganos.

—¡Lo que yo había pedido! —dijo Lucía.

Le dio gusto que hasta trabajó en una empresa donde en dos ocasiones fue reconocida. Tuvo tropiezos como cualquiera.

Empezó a deteriorarse la salud de don Ángel, quien padecía diabetes. Él, en un tiempo, creyó en Lucía y en los productos y los empezó a tomar, pero nuevamente llegó Jacinta a prohibírselo, negando todo tipo de alternativa natural. Don Ángel sufría mucho de dolores en sus rodillas, lo que lamentaba mucho Lucía. Ella lo comprendía en su poca experiencia, así que cualquier problema se lo ahorraba para no dar otra mortificación, sólo pretendía darles paz y llevarles su fe y su fuerza de voluntad para que se sintieran reconfortados, aunque fuera por unos instantes.

Tuvieron que hacerle una intervención quirúrgica a don Ángel, de corazón abierto, de la cual milagrosamente salió del hospital. Así lo llamaron los médicos, ya que no encontraron otra respuesta, pues no creían que don Ángel, por su edad de 80 años, pudiera resistirla. A raíz del cuidado de él, en el turno que le tocaba a Lucía como hija, nació una nueva relación, pero con Jacinta no porque pretendía quedarse con las pertenencias de don Ángel cuando faltara. Varios hermanos pensaron que no era amor de Jacinta hacia su padre, sino conveniencia.

Transcurrió el año 2017 y, como cada tarde, Lucía platicó con el Creador:

—Dios todopoderoso, este es un momento de intimidad contigo. Te pido, por favor, que escuches mi súplica. Tú has visto mi sufrimiento y mi persistencia para seguir adelante en esta situación con mis enemigos, y es cada vez más insoportable. Quisiera ofrecerte mis sufrimientos. Quiero creer que me estás escuchando. Deseo que mi voz y mis pensamientos al unirse lleguen a tus oídos, a pesar de que te encuentres a años luz de este mundo. Gracias por todas las experiencias que me has enviado. Por favor, sácanos de aquí. No quisiera corromperme ni a mi familia como dice tu sagrada escritura (Biblia Latinoamericana, 2005, Salmos 91:1-16, Jeremías 33:3).

¡Cuando la vida te ofrezca otra oportunidad, tómala!, antes de que empiece a desaparecer entre la bruma.

Lucía aguardó.

Una mañana, el 19 de septiembre de 2017, Lucía y Ernesto se dirigieron hacia las escuelas de sus hijos. Cada uno se dispuso a hacer sus actividades normales, como era costumbre, y al pasar a recoger a la salida a Abraham pasaron por sus alimentos. Después pasarían por Fátima, pero cuando el reloj marcó la 1:13 p.m., aproximadamente, sonaron las alarmas de sismo, pero al mismo tiempo empezó a temblar. Abraham empezó a llorar, Lucía lo abrazó y le pidió que protegiera a sus seres queridos. Fue un terremoto terrible y corrieron para ir por Fátima, quien se encontraba a salvo, aunque llorando por el movimiento. Abrazó a su madre para poder tranquilizarse.

En ese momento no se pudo comunicar con Ernesto hasta más tarde y siguieron su camino hacia su casa. Cuando llegaron no se imaginaron que la naturaleza, con su poder, había dejado sin hogar a los cuatro que la habitaban, dejándola en una posición de lado, destruyendo la mitad de la casa, pero aun así no se podría habitar. Su baño estaba derrumbado, así como el cubo de la escalera, la fachada tenía todos los tabiques de fuera, la puerta estaba partida en dos y abierta, aunque tenía seguro. Lucía quedó impactada y vulnerable ante esa situación.

Como pudo sacó a su perrito Haku, a quien en esa ocasión dejó atado de su correa en el segundo piso. Él no podía ladrar, ya que recibió todo el movimiento de la casa él solo, viendo cómo todo se caía. Llegó Ernesto, quien se encontraba bien, y soltó en llanto al ver que tanto esfuerzo había quedado en destrozos. Lucía continuó pidiéndole que rentaran una vivienda, pero Ernesto de nuevo dijo no.

—No puedo dejar mi casa.

—Ya habrá solución por parte de las autoridades gubernamentales —dijo Lucía.

Pero la abuela de Ernesto, llamada Úrsula, se encargó de retenerlo, prestándoles unos cuartos abandonados que tenía al lado de su casa. Así permanecieron un año en ese lugar, sin poder salir adelante otra vez, trabajando más porque había que acarrear agua, tener cuidado con el lodo y ver las goteras de la casa, más uno que otro ratón que se llegara a colar.

Lucía dijo:

—Esto va a pasar, no es para siempre. Todo sufrimiento, sea poco o mucho, es respetable, nadie está en los zapatos del otro.

Lucía solicitaba respuestas al Universo, pero todo tiene su tiempo, así que ella aprendió a manejar la ansiedad haciendo meditación, controlando la paciencia, siendo tolerante ante las adversidades. "Esto va a pasar, no se quedará para siempre". Nadie debe quitarte tu paz interior, confía en ti. Todo llegaría cuando realmente ella y Ernesto estuvieran preparados. Siembren y recibirán una buena cosecha. Lucía sólo anhelaba ver la grandeza de Dios, así que se alejó de círculos tóxicos y retomó seguridad y confianza en ella misma nuevamente.

Esto ocurría por un lado, y por el otro, don Ángel empezó otra vez a deteriorarse por la enfermedad. Con mucho trabajo comía y podía caminar; fue avanzado muy rápido esta situación. Lucía amaba mucho a su padre y le suplicaba a Dios por él. Ella no quería verlo nada más sufrir. No importaba si ella estuviera cansada, porque al ver su mirada bien y escucharlo se sentiría tranquila. Su padre siempre se puso en manos de Dios por la inmensa fe que tenía, y ahora Lucía tendría que poner en práctica lo que don Ángel le decía.

La mañana de un sábado de diciembre de 2018, los hijos de Lucía los visitaban cada fin de semana, mientras que Lucía regresaba a mediodía de recomendar sus productos, Fátima le hizo una llamada y le dijo que se habían llevado a su abuelito al hospital porque su azúcar se había elevado mucho.

Ciclos dolorosos que se van cerrando poco a poco

Cuando Lucía llegó en la hora de la visita lo vio bien, habló con él y le dio un poco de agua y comida. Realmente, don Ángel pretendía seguir viviendo y le pedía que lo sacara de ahí; ya no aguantaba estar en esa camilla. Lucía le comunicó a sus familiares que su padre estaba sufriendo, pero no podía creer que lo ignoraran. Los médicos lo estaban dejando morir. Lucía creía que no podía morir así, de esa forma, y se sintió impotente. Nuevamente, Jacinta impuso sus deseos y no la voluntad de su padre. Nadie tomó en cuenta la opinión de Lucía y después ya no fue posible hablar con su padre; ya le habían instalado oxígeno.

Algún día atravesarás un trago muy amargo, por eso no juzgues a nadie, porque el día que es nublado para ti es soleado para otro, pero al final todos veremos el arcoíris.

Lucía pasó la noche del 24 de diciembre, que era Nochebuena, con su papá, tratando de no llorar viendo su rostro dormido y no poder escuchar su voz. Después comprendió que la voluntad de Dios era primero. Lucía se preguntó qué es la voluntad de Dios y llegaron las respuestas en las escrituras bíblicas (Biblia Latinoamericana, 2005, Juan 17:1, Mateo 5:1-48, Mateo 5:1-48, 6:1-23). Tuvo que soltarlo y dejar todo en manos del Creador.

En la noche del 27 de diciembre, Lucía se quedó en la casa de su madre para tranquilizarse y dormir. Don Ángel no pudo despedirse de ella ni de nadie. Él decía que pronto regresaría a su casa y a su habitación para seguir trabajando.

Sonó el teléfono antes de la medianoche, avisándole a Lucía que se diera prisa con su madre porque su padre había sufrido un infarto. Inmediatamente, Lucía se levantó, pero recordó que minutos antes estaba soñando con su papá, hablando con su papá, trasmitiéndole en un abrazo todo lo que lo amaba. Tocó el turno de Lucía para que pasara a despedirse de él. Tocó delicadamente sus manos. Su rostro estaba ensangrentado por el infarto. Lucía pensó en todo el sufrimiento que atravesó su papá en esos momentos y le dijo:

—Padre, soy Lucía. Lo quiero mucho y le agradezco todo lo que hizo por mí y por mis hijos. Gracias por ser el mejor padre del mundo y por darme la vida.

No pudo sostener sus lágrimas. Miró ese lugar tan frío, pero no quería irse y dejarlo ahí. Recordó que su padre le dijo que cuando él muriera deseaba hacerlo en su casa y no en un hospital, pero Jacinta no lo permitió; ella tomó la decisión de dejarlo ahí.

Lucía regresó al lado de su madre, quien se encontraba en el auto de don Ángel. Las dos se encontraban en los asientos traseros y Lucía miraba el volante, recordando cuando viajaban juntos, su vitalidad, su sonrisa, su alegría por vivir y el trabajo que desempeñó a lo largo de su vida y que le dio grandes satisfacciones gracias al Creador. Miró el cinturón de seguridad que él se ponía, el cual se iba deslizando poco a poco, como cuando alguien llega a su destino y va a bajar del auto. Admirada de ver esta situación paranormal, Lucía tomó la mano de su mamá y en ese momento pasó un trago amargo en su boca, lo que le extrañó mucho. Al mismo tiempo, Roberta abrió la puerta del carro y les dijo:

—Mi papá ya está descansando en paz.

Las dos quedaron impactadas. Lucía sentía desvanecerse en ese instante y su madre lloró desconsoladamente. La presión arterial de Lucía subió en ese momento, pero tuvo que estar de pie para sostener a su madre. Lucía pensó: "Es momento de honrar a mi padre. Él deseaba que cuando llegara ese momento la gente le pudiera llevar flores blancas y que estuvieran contentos, como en una fiesta, como aquellas que siempre organizó con sus familiares". Aquellas fiestas en esa casa humilde, a pesar de los problemas que existieran, esa era la felicidad. Lucía recordó las sagradas escrituras (Biblia Latinoamericana, 2005, Eclesiastés 5:20, Eclesiastés 6:12). Así lo comprendió ella ahora que había perdido a su padre.

Las personas comenzaron a llegar y, sin haberles comunicado el deseo de su padre, iban con ramos de flores blancas. Llegó la música preferida de don Ángel. Los vecinos y los allegados a él conocían cuánto le gustaba la música alegre; realmente se sentía como una fiesta. Se reunieron a su alrededor los cuatro hijos y las cinco hijas que había procreado con doña Angélica y cantaron su canción favorita. Las lágrimas cayeron en el rostro de Lucía incontenciblemente. Fue un momento muy doloroso y al final muchos aplausos se llevó don Ángel con él.

Lucía recordó las palabras de su padre: "¿Qué van a ser cuando yo me muera?". Ahora Lucía seguiría su ejemplo, con carácter y fuerza de voluntad, quedando al frente de una situación sin solución, por el momento, con su familia. Su padre era su respaldo, pero ya no está. Lucía lo ha convertido en un ángel para que también fuera su guía en sus caminos.

Las rosas rojas nuevamente aparecieron después de la partida de don Ángel. Lucía le preguntó a cada uno de sus familiares cómo habían llegado a la casa de su madre y todos contestaron que no sabían quién las había dejado allí. Sólo Lucía comprendió el mensaje de aquellas flores: hay que aprender a recibirlas con todo y espinas, es decir, el amor verdadero también vive tiempos de sufrimiento, pero haz que valga la pena limpiamente.

Pasaron varios días y Lucía creyó que iba a ver más unión entre sus hermanos, pero no fue así, ya que cumpliendo los 9 días de la partida, Jacinta exigió abrir el testamento de su padre, lo que a todos extrañó y a su madre también. Jacinta y Roberta pretendían tomar el poder de las pertenencias de don Ángel, dejando a un lado a doña Angélica. Magnolia lo abrió y empezó a leerlo. Todo había pasado a manos de

Jacinta y nada para doña Angélica. Todos pensaron hasta dónde había llegado la manipulación de Jacinta. Lucía se alejó por un tiempo de allí, pidiéndole a su madre que no cayera en el juego de Roberta y Jacinta.

Cuando alguien pierde a un ser querido hasta las células sienten el dolor, además del corazón. Lucía experimentó el dolor, pero con ayuda de libros y de las sagradas escrituras pudo salir adelante. Tenía tareas que cumplir con sus hijos y Ernesto. Entonces, Lucía hacía lo contrario de una depresión. No quiero levantarme: tengo que levantarme. No quiero escuchar música: escucharé música. No tengo hambre: alimentaré mi cuerpo. Esto es no rendirse nunca, intentarlo de nuevo. Lucía continuó en la oración (Biblia Latinoamericana, 2005, Corintios 4:16-18, Corintios 1:3-11, Tesalonicenses 4:13-18, 5:1-28).

La manipulación era muy fuerte, tanto para Lucía como para Ernesto, por parte de doña Catalina, ya que a Lucía le provocaban celos y desconfianza hacia Ernesto. Todo lo planeaban y caían en las trampas, desafortunadamente.

No dudes ni por un instante que no ha valido tanto esfuerzo, Dios te dará en abundancia cuando estés preparado. Así que prosiguió en la insistencia de salir del lugar del apego y de esas personas tóxicas, comunicándoselo a Ernesto y, aunque él se oponía, en septiembre de 2019 pudieron salir para rentar una vivienda lejos de ahí, arriesgándose en la búsqueda de un futuro mejor. Al instalarse, Lucía volvió a tomar otra decisión contundente; la vida y sus guías espirituales la empujaban a soltar el último negocio, que también fue experiencia. Y es que de eso se trata la vida, de vivir con retos, con sufrimiento y dolor. Te caes y te vuelves a levantar, pero el Universo está siempre actuando a tu favor cuando actúas para bien tuyo y para bien de los demás. Todo pasa por algo y Lucía se enfocó en la causa y el efecto de lo que uno hace, y que, si aún no llega lo que deseas, es porque aún no te encuentras preparado, así hayan pasado casi 20 años, como en el caso de ella. Dios Todopoderoso sabe cuándo te dará tu recompensa, porque toda siembra tiene su cosecha, y tarde o temprano llegará la justicia; sólo hay que aprender a tener una gran paciencia y desarrollar el poder interior que tenemos como seres humanos. Límpiate física, mental y espiritualmente para renovarte y lograr tus deseos.

Lucía aprendió cada día a vivir sin hacer planes, haciendo meditaciones guiadas, una rutina de ejercicio y comer saludable, con el refuerzo de suplementos alimenticios. Ernesto pensó que iban hacia atrás, no hacia adelante.

—La causante de ir cayendo es Lucía —dijo Ernesto.

A él todavía le llegaban los cometarios malintencionados.

Soltar y liberar

La situación que vivieron Lucía y Ernesto, el tiempo que esperaron la resolución de su antigua casa, se prolongó por más de 2 años y el progreso se alejó un día, lo que provocó un caos mental en Ernesto y Lucía, sumado a la pandemia de 2019 y 2020, donde todo proceso relacionado se había detenido, además estaba la desconfianza y la desesperación por salir adelante. Así que Ernesto tomó la decisión de salir de manera abrupta del núcleo familiar. Cegado por todas las emociones en plena revolución, a pesar del amor hacia Lucía y sus hijos, tuvo que decir:

—¡Me voy!

No concluyó lo que esperaban de él, pero se quedaron tres puntos suspensivos como huellas detrás de él, huellas que después de unos días hicieron que se expusieran su sentir en esta pareja. No ofrecer ninguna explicación o darle la espalda a cualquier situación no es enfrentar los retos de la vida, la diferencia es tener carácter y fuerza de voluntad. Todo se fue al abismo por sus creencias y emociones fuera de control.

Lucía sintió que se derrumbaba todo lo que había entregado en esa relación y también para Ernesto. El trabajo físico, mental, espiritual y de conciencia de Lucía estaba cayendo así de simple, como un soplo del viento. Continuó orando, a pesar de los conflictos, aunque no hubiera respuesta alguna por el momento de parte de Dios (Biblia Latinoamericana, 2005 Tobías 3:1-16, 4:1-20, 5:1-22, 6:19, 7:1-17, 8:1-21, 9:1-6, 11:1-18, 12:1-21).

Hubo también un crecimiento de conciencia en Lucía al comprender también las fallas de la relación. En primer lugar, no se dio la suficiente atención y amor a ella misma, a sus gustos, la dedicación profesional, física y espiritual, ni a consentirse ella misma; todo lo dio y se quedó hasta sin ella misma. No era por ahí, ni tampoco lo es pedir que nos demuestren algo que no tienen que ofrecer... es sólo compartir los momentos de esta única vida terrenal. El amor es raro; es incomprensible es irracional para el ser humano; es no esperar nunca nada, como si no te importara. Por así decirlo, es sólo compartir momentos de la vida de cada uno con la plena libertad de ser uno mismo. Lucía pensó muchas veces que tampoco era buena para el amor. «¿Cómo se debe amar entonces?», se preguntaba Lucía, pero cuando pase el tiempo verá que perdió mucho tiempo en algo de lo cual tenía la solución en las manos.

En marea alta llegaron continuamente discusiones por malentendidos que Ernesto absorbía, de las demás personas, sobre Lucía, a quien culpaba de la posición en la que se encontraban, es decir, no salir adelante. Pasados los días, tuvo una amplia comunicación con sus hijos y con ella misma para ofrecerles paz y decirles que cualquier decisión que tomaran Lucía y Ernesto sería en tranquilidad. Sacrificando el amor que aún existía en esta familia, dejaron de verse, ya que en la parte económica también esto puede suceder: abstenerse de cualquier gusto. Nuevamente, Lucía enfrentó así el mundo que no se detiene, cumpliendo con las tareas de cada día con su familia (Biblia Latinoamericana, 2005, Sirácides 9:6-31, 9:10-18, Romanos 8:5-17).

Por las noches pensaba: "He vencido el miedo y el apego hacia Ernesto". Cada día que despertaba y abría los ojos daba nuevamente las gracias a Dios. «Todavía sigo aquí, es decir, tengo que trabajar aún más en mí. ¿Será que esta parte tiene que ser completada del círculo del manejo de las emociones? ¿Será la pieza que faltaba en el rompecabezas para ser realmente libre? Dejo ir el amor y pido a la Divinidad que, si regresara, sería suyo por derecho, y si no, de todos modos, sería experiencia para evolucionar», pensaba.

Después de aceptar así cada día y reflexionar en las virtudes y atropellamientos en la relación, Lucía y Ernesto llegaron a un acuerdo de pedir ayuda psicológica y así volver a retomar el rumbo de la familia. Lucía tomó con agrado esta decisión y, aunque ella continuaba con la esperanza en Dios, que supera cualquier razonamiento humano y utiliza otra lógica, dijo sí, a pesar de que Ernesto no aceptaba ningún designio de Dios, también dijo sí.

En aquellos días, Lucía decidió si seguir sufriendo o no, y, al mismo tiempo, sentía impotencia ante las circunstancias. También pensó lo mismo Ernesto, ya que anhelaba prosperar para su familia. En ese distanciamiento comprendieron que sí se amaban y extrañaban estar en pareja y en familia. ¿Cómo volver a empezar? Primero, no haciendo lo que no quieren que les hagan y dándose momentos gratos junto con sus pequeños. En ese tiempo, Lucía sólo recibió apoyo de su madre y de su hermano Gabriel, quienes la sostuvieron en casos como este.

En esta parte, Lucía pidió a Dios, al Universo, a los arcángeles y se refugió en los mantras, así como la meditación guiada y todo lo relacionado con la fuerza de espíritu (Biblia Latinoamericana, 2005, Salmos 23,

35, 91, 123, 144, 145). Todo, un día, tendría respuesta y pedía que fuera a su favor y el de los demás.

Si le das poder a ciertas personas con un amor más bajo que el tuyo, con el paso del tiempo sólo mirarás detrás de la ventana.

En aquellos días iba deteriorándose la salud de doña Angélica debido a sus padecimientos. A pesar de continuar con su prueba de vida, Lucía dedicaba tiempo valioso para su madre en compañía de sus hijos; no quería dejar que pasaran vivencias con su madre, y sus consejos los guardaría como un tesoro en su corazón. Tenía que ir asimilando que un día se iría de este mundo, cumpliendo ejemplarmente su papel amoroso y bondadoso de madre. Uno de esos consejos se dio en una tarde que fue a comer a su casa, donde había pláticas sobre la vida que llevaba con Ernesto, y, sin decirle mucho Lucía, doña Angélica se dio cuenta de lo que le hacía falta a Lucía y le dijo:

—¡Quiérete a ti misma y sigue adelante siempre!

Pasó un mes y doña Angélica le dijo a Lucía:

—Ven, déjame recargarme en tu hombro como recibiendo consuelo. Yo sé que no voy a durar mucho en este mundo, ya me voy a ir. Quédate conmigo.

Lucía también lo presentía, así como sus hijos. Doña Angélica era muy sabia en sus palabras; ella tenía un alto desarrollo en su intuición y antes de que alguien dijera algo ella lo intuía y era cierto. Y así fue.

Una mañana, Lucía recibió una llamada de doña Angélica, diciéndole que estaba a punto de entrar al hospital y que se negaba, ya que su voluntad también era morir en su casa. Sin embargo, Jacinta ignoró dichas palabras. Lucía pretendió sacar de ahí a su madre, comunicándoselo a los demás, pero fue demasiado tarde porque Dios decidió quitarle ese sufrimiento humano. Ahí estuvo Lucía en su último aliento para agradecerle por lo bonita que fue como madre con ella y sus hijos y por la generosidad y amor inmenso que le entregó a ella y a sus demás hijos. Lucía vivió nuevamente un dolor al perder ahora a su madre, quien representaba la amistad, la confidencialidad la hermandad y hasta apadrinó a su hijo Abraham. El dolor fue inevitable, pues es un hueco en el alma el perder a un ser querido; no hay palabra alguna que describa este suceso. Sus padres fueron un regalo que le agradeció a Dios y ahora continuaría con el legado que le dieron en su momento: no rendirse nunca y continuar navegando el barco para que llegue a buen puerto.

La rebelión

Todas esas situaciones orillaron a Lucía a escribirlas y al mismo tiempo también sanaba sus heridas. A Ernesto le hicieron creer que Lucía era el problema y que nada le salía bien, que todos los conflictos los hacía ella y que no era aceptada en ningún círculo social porque no cumplía las expectativas del círculo tóxico. Lucía percibió que poco a poco se alejaban personas que no le aportaban nada a su vida, pero hubo un momento que confirmó que, con o sin esas personas, ella podía seguir adelante. Desde ahí empezó a ser libre, ya no afectada, ya no más sufrimiento; superó los apegos y quiso regenerarse y transformarse sin planear ya nada. Finalmente se perderían de su compañía.

Si no quieres que tu lucha sea en vano, entonces arriésgalo todo y pregúntate: ¿por qué no volver a intentarlo?

Dejó de reprocharle a Dios que no la escuchaba. Él habla una vez y cumple su palabra para el que pide justicia, así que esperó su respuesta a través de los sueños, como dice la sagrada escritura (Biblia Latinoamericana, 2005, Job 33:15-16). Lucía guardó silencio y esperó la respuesta divina.

Cuando otra vez Lucía volvió a retomar el viaje, miró el noticiero matutino y la Organización Mundial de la Salud informó que debíamos permanecer en casa por un llamado Coronavirus que era mortal para el ser humano. Definitivamente, todo vuelve a pasar por algo, y ya había dado el paso para estar dentro de la conciencia y no en lo material. Inició de nuevo a la meditación con ejercicios de inhalación y exhalación de cada mañana, actuando diferente, haciendo oración a los arcángeles de Dios para conseguir la salud mundial. A Lucía le cambió la vida y a todo el mundo también. Era hora de pedir por el otro para estar bien nosotros mismos.

—Porque todos estamos bajo el mismo riesgo —dijo Lucía.

En la situación de Lucía, pagando el alquiler, empezó a administrar tanto el tiempo como la comida y el dinero. Desde pequeña, Lucía escuchaba a su padre decir: "Cuiden la comida porque llegará el día en que no va a haber para desperdiciarla".

—¡Qué razón tenía mi padre! —dijo Lucía.

Además de hacerlo por su familia, Lucía lamentaba que la demás gente sufriera y muriera. La empatía salía de ella y realmente pedía que el mundo se uniera en sabiduría para salir adelante. Entre comer sano y tomar té de hierbas naturales enfrentaban ella y su familia la pandemia.

No hay por qué tener miedo al realizar cosas que nunca hemos hecho, ya que esto producirá un cambio en nosotros y en nuestra conciencia. Nadie es más ni menos que nosotros (Biblia Latinoamericana, 2005, Gálatas 5:1-10).

La verdad

No entregues todo a los demás porque al final te quedarás sin nada

Ernesto recibió una llamada inesperada para comunicarle que su abuela se encontraba a punto de morir; pidió verlo y a Lucía también para despedirse.

Él sabía de un problema de salud que tenía su abuela Úrsula, pero no imaginó que esto fuera más grave hasta ese momento.

Ernesto, con mucho trabajo, pudo hablar con su abuela y en su último aliento le dijo que se acercara hacia ella y le comentó:

—Te quiero decir una verdad que te han ocultado durante años. Tu madre, Catalina, y yo, Úrsula, así como Roberta y Jacinta, hermanas de Lucía, nos unimos para destruir tu matrimonio y, sobre todo, destruir a Lucía. No permitas que continúen hasta lograrlo con fuerzas oscuras. Todo lo que tienen ellos ha sido de todo lo que les han quitado. No regreses a vivir aquí, por favor. Lucía no es culpable de nada, ella realmente te ama.

Ernesto quedó sorprendido y su cara se llenó de furia, como nunca lo habían visto.

—Perdóname por no decirte nada. Ahora voy a morir y quisiera que me perdones —dijo Úrsula.

—Sí te perdono, abuela. Descansa en paz.

El perdón te libera, pero la herida queda marcada para siempre. Sin embargo, todo se puede superar con el tiempo. A Lucía la vida le daba más respuestas, encontrando sabiduría en ciertos versículos bíblicos (Biblia Latinoamericana, 2005, Colosenses 2:1-25, 3:1-25 Colosenses 4:1-6).

La vida tiene una razón de ser: conocer la verdad. y la verdad es la voluntad de Dios.

Doña Catalina estuvo presente y escuchó la verdad. Quisieron huir del lugar Jacinta y Roberta, unidas a este complot también, pues de inmediato fueron notificadas de que aquel secreto había salido a la luz. Lucía meditó sobre un versículo sagrado (Biblia Latinoamericana, 2005, Lucas 8:17). Ernesto les exigió una explicación por haberle demostrado algo que no eran en realidad. Él pasó años haciendo a un lado a Lucía y no creía en ella, además, la culpaba de todas las situaciones vividas, que en realidad hicieron ellas. Todas temblaban de miedo y no pudieron responder nada.

Ernesto buscó también a Roberta y Jacinta, pero quisieron manipularlo, lo que no permitió Lucía otra vez, ya que la verdad esta vez no podía ser negada. No pudieron enfrentarlos a los dos porque no tenían otra salida ni otro plan para continuar otra mentira.

Ernesto no pudo creer que lo traicionara su propia sangre, en compañía de sus cuñadas, quienes le hicieron confiar en ellas.

—¿Cómo puede anidar tanta envidia en el cuerpo de tu propia madre? Hasta conmigo, que soy su propio hijo, que me tuvo en sus entrañas —dijo Ernesto.

Ernesto recordó lo que una vez le comentó Lucía: "La persona que daña a otra nunca ha recibido amor, por eso actúa así; no importa quién sea. Lucía puso atención a esta lección de vida, con la que aprendió que todo acto tiene una consecuencia y tarde o temprano habrá un resultado (Biblia Latinoamericana, 2005, Sabiduría 5:1-23). No en todas las personas debes confiar demasiado".

Si alguien te dice que no puedes, responde con una sonrisa, ya que ni eso te detendrá.

La vida te ofrece otra oportunidad, no habrá vuelta y tendrás que pagar un precio muy alto; te devorará la necesidad y la ignorancia. ¡No lo permitas! No trates de encajar para agradar a los demás, perdiendo tu esencia y hasta comprometiendo tus valores. Dios te ha concedido muchas cosas para ti desde antes de nacer, sólo basta con nunca rendirte. No compitas con nadie, ya que gracias a todo lo que realices con amor serás un triunfador. No vayas por una recompensa, menos si es material. Toda situación negativa trabaja a nuestro favor para nuestro bienestar. No pretendas dividir a nadie ni que estén a tu favor, porque con alguien, tarde o temprano, quedarás mal. Cuidemos lo que se nos da.

*En la tranquilidad y el silencio
se encuentran las respuestas.*

Lucía encontró las respuestas en la tranquilidad y en el silencio. La labor más hermosa que Dios tenía para ella: ser libre, reconociendo su brillo y valor, dejando atrás la angustia. Aprendió a agradecer lo poco y lo mucho, como lo es tan sólo tener vida y, sobre todo, lo que no se tiene. También controló su mente, la cual empezó a enseñarle frases de agradecimiento y que no todo está mal. Se arriesgó en todo y no quiso sólo observar a los demás, sino que quiso ser la protagonista de esta historia; todo con la finalidad de ser libre, amarse tal y como es, honrar a los que ya no están físicamente, que por ellos hizo un cambio de conciencia, y crear cosas diferentes para empezar el darma y que vaya muriendo el karma y que las siguientes generaciones puedan tener una vida tranquila. Nunca renunció, como le aconsejaron sus padres. De la mano de las páginas de la sabiduría de Dios, quien la encaminaba hacia la verdad, no desistió; no permitió que el miedo se apoderara de su propia luz.

¡Gracias, gracias, gracias, amoroso Dios!

Si depositas toda tu confianza en personas que usurpan lo que te pertenece, estarás haciendo un contrato con la manipulación.

Ernesto se lamentaba por no haberle hecho caso tantos años a Lucía, y, sobre todo, por no abrirse a la sabiduría; tampoco la solicitó nunca a nada ni a nadie.

—El Universo te habla por las buenas, y si no haces caso, lo hará de forma dolorosa —le dijo Lucía.

En su autonomía, Ernesto no pidió ayuda y siguió en la ignorancia. Lucía pudo tranquilizarlo para calmar su ira, para llegar con sus hijos. Ernesto le pidió perdón a Lucía por haber estado equivocado tantos años. Iniciaron un nuevo despertar juntos de nuevo y con un estandarte: amor, verdad, libertad y conciencia. Lucía permaneció en silencio y pensó: "¿Cuántas veces no escuchamos la voz interior llamada conciencia? ¿Cuántas veces el Universo, Dios, nos envía señales y las dejamos pasar? Señales como personas, sueños y escenarios que nos despiertan. Damos por hecho que tenemos vida. Y de la intuición no se diga; ni creemos en nosotros mismos y menos en los demás...

Lucía, al presenciar esta situación dolorosa para Ernesto y hasta para ella, sólo respondió que sí lo perdonaba porque lo amaba.

Lucía y Ernesto nuevamente tendrían otro reto: buscar el equilibrio en pareja después de tanto daño por querer complacer a los demás, menos a sí mismos, y tomar ayuda terapéutica, además de la espiritual, para su propia familia.

Lucía agradece toda vivencia, que ahora son experiencias, para enfrentar nuevos retos de esta vida, que es maravillosa.

Libros de apoyo

El esclavo / Francisco J. Ángel

Tú puedes sanar tu vida / Luis Hay

Manual para no morir de amor / Walter Riso

El camino de los sabios / Walter Riso

El camino de las lágrimas / Jorge Bucay

Los hombres son de Marte, las mujeres son de Venus / John Gray

¿De qué se ríe Dios? / Deepak Chopra

El hombre más rico de Babilonia / George S. Clason

El Rinoceronte / Scott Alexander

Amores altamente peligrosos / Walter Riso

Audiolibro: El Ser Superior: la magia de la evolución total / Deepak Chopra

Dios / Deepak Chopra

La sagrada Biblia Latinoamericana, edición 2005

Jamás moriremos / Deepak Chopra

El código secreto de la Biblia / Michael Prosnin

Escuela para padres / Psicólogo Rafael Peregrina

Meditaciones

Afirmaciones de merecimiento, paz, perdón /
Louis Hay

Gurú Rinpoche

Buda azul de la salud

Vidas pasadas

Almas gemelas

Mensajes del Dr. Joseph Michael Levry / El poder
del amor

Sanación profunda y mensajes reiki

Meditación en un Curso de Milagros

Referencias

https://pixabay.com/es/photos/mujer-espejos-psique-depresi%c3%b3n-3092412/

https://pixabay.com/es/illustrations/salud-mental-enfermedad-mental-1420801/

https://pixabay.com/es/photos/ni%c3%b1a-bicicleta-jard%c3%adn-gente-535251/

https://pixabay.com/es/photos/oro-nazi-querida-dinero-monedas-1110350/

https://pixabay.com/es/photos/aves-liberar-libertad-paz-volar-2227994/

https://pixabay.com/es/photos/madre-familia-resentimiento-1546895/

https://pixabay.com/es/photos/mano-marioneta-mu%c3%b1eco-de-nieve-784077/

www.ingramcontent.com/pod-product-compliance
Lightning Source LLC
Chambersburg PA
CBHW052343090426
42739CB00024B/3121